À LA DÉCOUVERTE DES CHAKRAS

pauline wills

À LA DÉCOUVERTE DES CHAKRAS

Harmonisez vos chakras pour retrouver votre vitalité naturelle...

Éditions Médicis

Titre original : *Chakra workbook*

19, rue Saint-Séverin - 75005 - Paris.

Traduit de l'anglais par Antonia Leibovici

ISBN : 978-2-85327-649-8

contact@editions-medicis.fr
www.dervy-medicis.fr

Imprimé en Chine

Avertissement
L'auteur et l'éditeur réfutent toute responsabilité pour des accidents résultant de la pratique des techniques et des principes présentés par ce livre. Celui-ci n'est pas un guide pour le traitement des problèmes graves de santé ; consultez un professionnel de la santé en cas de doute quant à tout aspect de votre état.

Eddison Books Limited
Consultant créatif : Nick Eddison
Responsable de publication : Tessa Monina
Design : Jane McKenna (www.fogdog.co.uk)
Responsable d'édition : Rachel Warren Chadd
Index : Marie Lorimer
Production : Sarah Rooney

SOMMAIRE

INTRODUCTION

Ce livre décrit les sept chakras principaux, les « roues tournantes » d'énergie du corps, ainsi que la manière de travailler avec eux et de les équilibrer. Ma pratique du yoga m'a fait découvrir les chakras. J'ai eu la chance de trouver un maître qui, comme je l'ai appris par la suite, avait consacré la majeure partie de sa vie à l'étude du yoga et à sa pratique. En plus d'enseigner les postures yoga classiques (*asanas*) et des exercices de respiration (*pranayama*), dont je présente certains ici, il a fait aussi connaître à ses élèves l'aspect spirituel du yoga tel qu'exposé par le sage oriental Patanjali, y compris des concepts concernant l'aura et les chakras. À l'époque, j'avais été émerveillée et en même temps quelque peu sceptique. Élevée dans la foi chrétienne, j'allais à l'église ; tout enseignement différent de ses dogmes m'apparaissait suspect. Rétrospectivement, mon esprit borné et mon rigorisme me font rire et je suis contente qu'on m'ait encouragée à ouvrir les yeux.

Néanmoins, je crois toujours que Jésus était un être éclairé, tout comme Bouddha et Paramahansa Yogananda. Selon moi, toutes les religions aboutissent à la réalité ultime de la conscience de Dieu, donc chacun devrait choisir la religion qui lui convient le mieux. La vérité n'est l'apanage d'aucune religion. Son adepte suit la voie de la lumière, de la paix, de la sagesse, de la puissance et de l'extase. La philosophie et les pratiques du yoga ne sont assujetties à aucun dogme. Leur validité est indéniable, quelle que soit la religion, car elles reposent sur la vérité.

Les vérités éternelles

On prône que les vérités de l'ensemble des religions ont pour source les Veda, les textes les plus anciens de l'hindouisme. Le terme *veda* signifie « savoir ». Les Veda transmettent les vérités éternelles révélées par Dieu aux grands Rishis, prophètes hindous. Notre connaissance

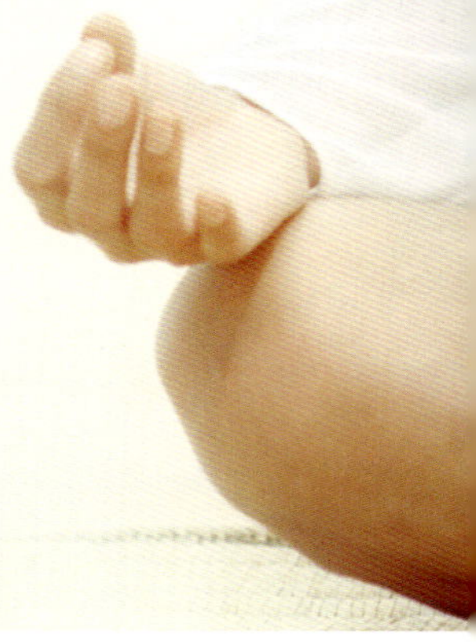

Les sept chakras majeurs

- **Chakra couronne** *Sahasrara*
- **Chakra du 3e œil** *Ajna*
- **Chakra de la gorge** *Vishuddha*
- **Chakra du cœur** *Anahata*
- **Chakra du plexus solaire** *Manipura*
- **Chakra sacré** *Svadhisthana*
- **Chakra racine** *Muladhara*

du yoga découle. Les Upanishad, le plus important des livres des Veda, en plus de révéler les vérités spirituelles les plus subtiles et profondes, aborde l'identité de l'âme individuelle et de l'Âme suprême. L'hindouisme dispose d'un panthéon pléthorique, où chaque dieu est doté de certains attributs et associé à des animaux et à des images symboliques.

Au fil du temps, en intégrant la visualisation, la couleur et la méditation à ma pratique, j'ai progressivement compris l'importance de l'anatomie subtile et du système de chakras. Ce système, utilisé depuis des milliers d'années en Orient, est de plus en plus accepté par la société occidentale, qui tend actuellement à prendre quelque peu ses distances avec l'approche scientifique de la santé et du corps. Chaque chakra est vu comme une roue tournante d'énergie (littéralement, *chakra* en sanscrit) qui renferme et organise le *prana*, la force vitale du corps. Les chakras constituent un lien entre le plan spirituel et le plan physique. Chacun est associé à des caractéristiques particulières et à des parties précises du corps. Quand l'énergie corporelle est bloquée ou déséquilibrée, tous les aspects de la vie sont affectés. Lorsqu'on travaille sur les chakras en suivant les conseils prodigués ici, on favorise la santé et l'équilibre, tout en atteignant l'éveil. Ce livre décrit les nombreux aspects des sept chakras principaux, de même que les différentes façons de travailler avec eux pour élargir votre compréhension, intensifier votre vitalité et favoriser la reconnexion avec votre lumière divine. Chaque chapitre, consacré à un chakra, comprend une présentation du symbolisme entourant les divinités hindoues et des animaux

À GAUCHE. Sadasiva, mi-homme, mi-femme, est associé au chakra Vishuddha et représente Shiva et son aspect féminin, Shakti.

qui lui sont associés (comme Sadasiva, à gauche, associé à Vishuddha), de son lien avec le corps physique à travers le système endocrinien, de son rapport avec la respiration, des exercices de visualisation permettant de le localiser et de le percevoir tant sur le corps physique que sous la forme d'un point de réflexologie sur les mains ou les pieds, de l'élément et de la couleur associés, des postures yoga (*asanas*) visant à le purifier et à l'activer, des exercices de respiration se servant de son mantra, des méditations sur la forme géométrique (*yantra*) qui lui est propre. Les deux chapitres concernant les chakras ajna et sahasrara sont légèrement différents, car ces chakras ne sont associés à aucun élément ou mantra particulier.

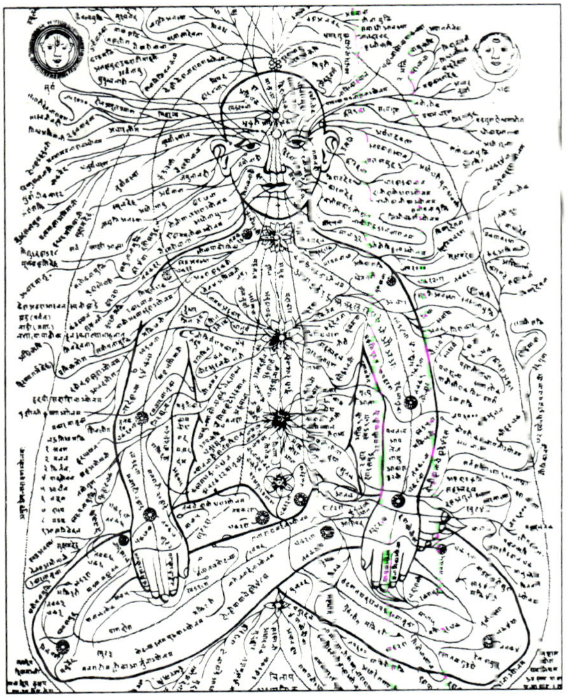

CI-DESSUS. Des milliers de *nadis*, contenant le *prana*, la force vitale, parcourent le corps. Les chakras principaux se trouvent à l'intersection de vingt et un *nadis*.

L'aura et les *nadis*

L'aura, qui entoure et interpénètre le corps physique, est composée de plusieurs strates, chacune légèrement plus grande que la précédente, s'y imbriquant et s'étendant au-delà de quelque cinq centimètres. On a suggéré que chaque strate possède son propre système de chakras, mais nulle preuve n'étaye cette théorie. Le système de chakras présenté ici est situé dans l'enveloppe éthérique – strate aurique proche du corps physique –, et affecte toutes les autres strates de l'aura.

L'enveloppe éthérique est parcourue par des milliers d'étroits canaux énergétiques, les *nadis*, équivalents des méridiens de la médecine chinoise, à travers lesquels circule le *prana*, la force vitale indispensable à toute vie. Les jours ensoleillés, le *prana* abonde, infime poussière de lumière blanche éclatante visible dans l'air. Absorbé par l'enveloppe éthérique, le *prana* se sépare dans les sept couleurs de l'arc-en-ciel. L'énergie de vibration de chaque couleur est absorbée par le chakra qui vibre à sa fréquence. Cet immense réseau de canaux subtils connecte les chakras au corps physique. Si les *nadis* sont bloqués par la stagnation de l'énergie, due aux pensées et aux émotions négatives ou à la consommation excessive d'aliments dévitalisés, l'énergie du corps physique s'épuise. Si cette situation perdure, elle finira par provoquer une maladie physique.

Les trois *nadis* principaux

Selon moi, le corps physique est un miroir reflétant l'état de tous les aspects du moi. Les moi spirituel se lit dans nos yeux, les émotions, l'expression du visage et la posture du corps ; les trois sont mis en évidence lors des maladies du corps physique.

Les trois *nadis* principaux

Parmi les milliers de *nadis* parcourant l'enveloppe éthérique, trois sont plus notables : Sushumna, Ida et Pingala. Sushumna, qui traverse la colonne vertébrale depuis le chakra racine jusqu'au chakra du troisième œil en passant par quatre chakras principaux (ci-contre), est le canal majeur de l'énergie nerveuse. Sushumna renferme deux *nadis* supplémentaires, Vajra et Chitrini, emboîtés l'un dans l'autre. Le « tube » se trouvant à l'intérieur du plus fin sert de conduit à l'énergie kundalinî. À partir de Sushumna, d'innombrables *nadis* secondaires se ramifient et se connectent au système nerveux du corps physique.

Ida est situé sur le côté gauche du corps, Pingala sur le côté droit. Ces deux *nadis* partent du chakra racine et, s'entrelaçant avec les chakras principaux et Sushumna, forment une sorte de serpent, avant d'arriver au chakra du troisième œil. Ida est associé au sang-froid, à la lune, à l'hémisphère droit et au système nerveux parasympathique, responsable de la relaxation. Pingala est lié au soleil, à la chaleur, à l'hémisphère gauche et au système nerveux sympathique, responsable de la stimulation. Ida et Pingala sont chargés en *prana* par la respiration et sont connectés respectivement à la narine gauche et à la narine droite. Selon les yogis, si la narine droite est dominante, le moment est venu de manger et d'effectuer un travail actif. Si la narine gauche est active, on doit se reposer, dormir ou s'adonner à des activités créatives.

Un chakra principal se forme au point où vingt et un *nadis* se croisent dans l'enveloppe éthérique de l'aura ; un chakra secondaire se forme au point d'intersection de quatorze *nadis*. Cette intersection de vingt et un *nadis* est similaire à un ganglion physique, un plexus de terminaisons nerveuses. Il y a de nombreux chakras secondaires, certains plus connus que d'autres, et douze chakras principaux. On travaille généralement avec sept de ceux-ci, dont cinq sont situés le long de la colonne vertébrale et deux sont connectés au crâne. Des cinq chakras principaux restants, deux sont situés dans l'aura, au-dessus de la tête, un dans le crâne, un au nombril et un dernier en dessous des pieds. Nous nous intéresserons ici aux sept chakras principaux.

L'éveil de kundalinî

Le travail avec les chakras vise en premier lieu l'éveil de kundalinî, représentée sous la forme d'un serpent lové à la base de Sushumna. La volonté ou la puissance spirituelle, accompagnée d'une action physique appropriée, fait s'élever la kundalinî d'une personne, autrement dit la fait atteindre son potentiel plénier. Une fois éveillée, kundalinî monte depuis Sushumna jusqu'à son conjoint Shiva à travers l'ouverture auparavant bloquée par ses propres anneaux. Pendant ce voyage, elle franchit tour à tour les lotus (chakras). En arrivant au chakra couronne – le lotus à mille pétales –, elle procure l'éveil, la conscience divine. À son premier éveil, kundalinî ne peut rester que très peu de temps au chakra couronne avant de redescendre au chakra racine, mais à chaque éveil elle subsiste plus longtemps. Kundalinî est parfois décrite comme la représentation corporelle du grand pouvoir cosmique qui crée et étaye l'univers. Comme chaque être humain est un microcosme appartenant à ce macrocosme, ce pouvoir nous soutient aussi.

Méditation et respiration

Tout au long de ce livre, la méditation est utilisée pour vous faire prendre conscience des chakras et de la façon dont ils s'influencent les uns les autres, ainsi que votre corps. Si vous n'avez jamais médité, avant de commencer trouvez un endroit tranquille, confortable, où vous ne serez pas dérangé. Si vous avez l'intention de pratiquer régulièrement, il est préférable d'y consacrer dix minutes à la même heure tous les jours, tôt le matin ou tard le soir.

La méditation, susceptible de prendre d'innombrables formes, est au centre du travail avec le yoga et avec les énergies subtiles. L'une de ces formes, qui purifie et active les *nadis* et les chakras pour équilibrer l'ensemble du système énergétique, a pour origine le laya yoga. Associée à des exercices spécifiques de respiration (*pranayama*), elle constitue un puissant système de médecine préventive. Pour l'utiliser, il est essentiel de travailler avec les mantras, les *yantras* (formes géométriques) et le symbolisme de chaque chakra.

Les cinquante sons dominants et sous-dominants sont associés à chaque chakra, correspondant au nombre de lettres et de sons de l'alphabet sanscrit. Les origines du sanscrit sont inconnues, mais en Inde on le tient pour divin, chaque lettre et le son qui lui correspond se rapportant à un aspect de la nature humaine.

En sanscrit, le terme *mantra* signifie « la pensée qui libère et protège ». La psalmodie des mantras a la capacité de changer la conscience du récitant. On pense que tous les sons, quels qu'ils soient, génèrent une énergie, parfois bénéfique, parfois néfaste, d'où la règle du silence adoptée par certaines communautés religieuses, permettant de parler uniquement en cas d'absolue nécessité, durant de périodes limitées. L'hindouisme dispose de milliers de mantras, regroupés en fonction de leur but ou intention. Certains sont conçus pour résonner avec les chakras et les activer, d'autres servent au travail avec les *siddhas*, les pouvoirs latents présents chez tout un chacun.

L'un des buts du laya yoga est de faire monter l'énergie latente (kundalinî) présente au niveau du chakra racine. Sa pratique génère par ailleurs un calme régénérateur dans la colonne vertébrale et ses chakras, qui enverront une force curative vers les organes et les glandes qui leur sont associés. Ce livre vise à aider le rééquilibrage des chakras, pour que le corps jouisse d'une santé optimale et que la spiritualité de l'individu soit éveillée. Je conseille aux personnes en quête d'éveil, désirant un meilleur contact avec leur kundalinî, de se trouver un instructeur. La médecine ayurvédique a recours au pouvoir reconstituant du laya yoga. Beaucoup de médecins ayurvédiques, yogis expérimentés, connaissaient

CI-DESSOUS. **Représentation tricéphale de Shiva.**

à fond ce système énergétique subtil, d'une grande richesse imaginative. Une pratique régulière offre de grands bénéfices.

Pratique régulière

Comme dans le cas de nombreuses méthodes de développement personnel, apprendre à identifier les chakras et à travailler avec eux requiert du temps, de la pratique et de la patience. L'activation des chakras grâce aux *asanas* exige un positionnement correct du corps et le maintien des postures aussi longtemps que possible. Les postures de ce livre vous aideront à connaître l'effet qu'elles exercent sur les chakras. Si vous débutez au yoga, les pages 14 et 15 présentent plusieurs postures de base. Lisez attentivement toutes les instructions avant de tenter les *asanas* des derniers chapitres.

Il est préférable de lire en entier ce livre avant de passer aux exercices, afin de disposer d'une bonne base. Si possible, réservez chaque jour du temps à la pratique ; dans un endroit tranquille. Ne soyez pas déçu si vous avez l'impression de ne pas progresser rapidement, car les changements sont souvent très subtils. J'espère que mon livre vous offrira de la joie et vous rapprochera un peu de la découverte de votre véritable moi et de son atteinte, but ultime du grand voyage de la vie.

POSTURES DE BASE DU YOGA

Si vous débutez au yoga, lisez d'abord ces pages avant de tenter les postures présentées à chaque chapitre. Ces *asanas*, très basiques, servent souvent de posture de départ pour des postures plus avancées. Vous pouvez consulter ces pages lorsque vous travaillez sur vos chakras.

Une chambre chaude, bien ventilée, est idéale pour pratiquer le yoga. Laissez passer au moins quatre heures entre un repas et une séance de yoga. Le premier précepte du yoga est la non-violence, principe qui est aussi valable sur le plan du corps physique. Si le yoga est pratiqué l'estomac plein, il risque d'interférer avec le processus digestif et de provoquer une gêne physique. Il est préférable de pratiquer tôt le matin ou tard le soir, toujours à la même heure.

SUKHASANA *posture facile*

Posture simple, qui peut être utilisée pour la méditation. Asseyez-vous en tailleur, dos bien droit. Détendez-vous en vous concentrant sur l'inspiration et l'expiration. Alternez la jambe placée au-dessus, pour que les muscles des deux jambes s'étirent pareillement.

ARDHASANA *le demi-lotus*

Fléchissez le genou gauche et placez le pied gauche contre la face interne de la cuisse droite. Fléchissez le genou droit et placez la jambe droite sur la gauche, talon contre le haut de la cuisse gauche. Pratiquez cette posture jusqu'à ce que les deux genoux arrivent à toucher le sol, puis tentez la posture du lotus.

Portez des vêtements larges. Utilisez un tapis de yoga ou une couverture. Pratiquez pieds nus et enlevez tout bijou risquant de gêner les mouvements. En respirant profondément et régulièrement, maintenez chaque posture aussi longtemps que vous êtes à l'aise. Ne vous forcez jamais à assumer une posture qui suscite de la douleur. Au fil de la pratique, votre corps deviendra plus souple et vous arriverez à maintenir les postures plus longtemps.

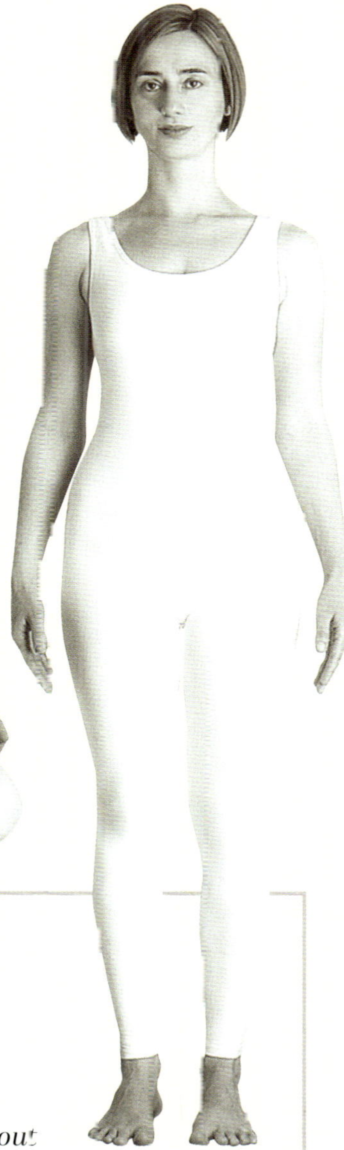

PADMASANA *le lotus*

Asseyez-vous sur le sol, jambes tendues devant vous. Fléchissez le genou droit et placez le talon droit contre le haut de la cuisse gauche. Fléchissez ensuite le genou gauche et placez la jambe gauche sur la droite, talon contre le haut de la cuisse droite. Si vos genoux ne touchent pas le sol, soutenez-les avec un bloc en bois ou en mousse. Alternez la jambe qui est au-dessus, pour que les deux jambes gagnent en souplesse.

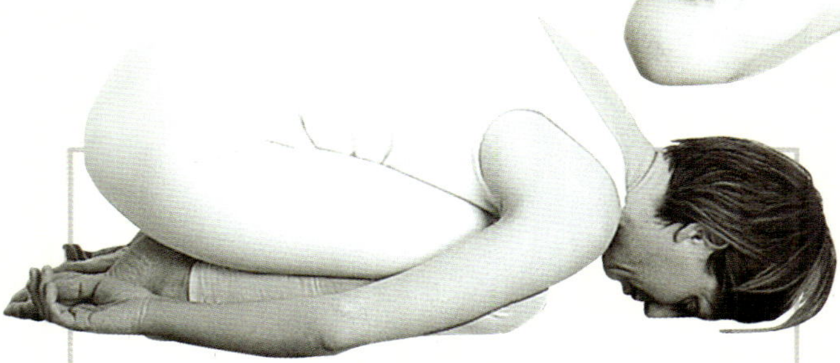

SHANKHASANA *posture du fœtus*

Assis sur les talons, abaissez lentement le torse sur les cuisses et posez le front sur le sol. Si vous n'arrivez pas à toucher le sol, placez une serviette pliée sous votre front. Les bras sont positionnés le long du corps, paumes tournées vers le haut. Utilisez cette posture pour faire contrepoids lors des flexions en arrière ou du poirier.

TADASANA *posture debout*

Debout, pieds écartés de la largeur des hanches, répartissez également le poids du corps sur vos pieds. Élevez la colonne vertébrale, abaissez les épaules et tirez-les en arrière pour ouvrir la poitrine. Détendez les muscles de la tête et du cou et portez les mains sur les flancs. Respirez normalement.

वं
लं
सं
शं
षं

LE CHAKRA RACINE

Muladhara

Nous commençons notre voyage au chakra racine, dont le nom sanscrit est *Muladhara*, « racine » ou « fondation ». Ce chakra est la fondation sur laquelle nous bâtissons notre vie, le point de départ des trois *nadis* principaux, Ida, Pingala et Sushumna, ainsi que la source de l'énergie kundalinî. Ce chakra est lié aux instincts de survie, au sentiment de peur et à l'instinct de conservation. Lorsque l'énergie est centrée dans ce chakra, la crainte d'être blessé psychologiquement et physiquement par les autres est susceptible d'être présente.

MULADHARA

मूलाधार चक्र

SIGNIFICATION
Racine ou fondation

DÉITÉS ASSOCIÉES
Indra, Brahmâ, Dakini

ÉLÉMENT
Terre

COULEUR
Rouge

MANTRA
Lam

Ce chakra est représenté par un lotus à quatre pétales rouges, sur lesquels sont inscrites les lettres sanscrites *va, sa, sa, sa*. En psalmodiant ces sons sacrés dans le sens des aiguilles d'une montre, on est censé connaître les quatre qualités des quatre formes d'extase que représentent les pétales : joie immense, plaisir naturel, ravissement en contrôlant la passion et bonheur absolu dans la concentration. Dans le système de chakras, le nombre de pétales d'un lotus particulier est déterminé par la disposition des *nadis* fins qui l'entourent. Ces pétales véhiculent aussi des sons subtils générés par la fréquence à laquelle ils vibrent.

Le cercle du chakra renferme un carré jaune, parfois entouré de huit lances éclatantes. Le carré jaune représente l'élément terre. Comme la terre, la forme carrée est solide et stable, ce qui en fait une parfaite fondation pour commencer un voyage spiritual.

Les lances symbolisent les huit directions cardinales et collatérales. Quand le mantra associé à ce chakra est psalmodié, le son est dirigé vers ces huit directions. Les lances figurent les nombreuses voies spirituelles conduisant à la découverte du véritable moi, ainsi que les huit niveaux du yoga décrits par le sage Patanjali. Ces étapes conduisent au *samadhi*, l'éveil.

Indra

Dans le carré, on voit Indra (page 17), la divinité représentant l'élément terre et le mantra « Lam ». D'un jaune vif, il est assis sur le dos d'Airavata, roi des éléphants. Là, Indra est muni de quatre bras et tient une foudre et une dague rituelle. Dieu des guerriers, mais aussi dieu de la nature, il règne aux cieux et maîtrise l'orage, faisant résonner le tonnerre et tomber la pluie.

L'éléphant Airavata

L'éléphant Airavata symbolise la force, la fidélité, la mémoire, la patience et la sagesse. Par ailleurs, l'éléphant est un animal très lent et très lourd, attributs de ce chakra. Sa peau est gris clair. Il est parfois représenté avec sept trompes – nombre se rapportant à l'univers, à l'achèvement et à la totalité. Dans ce contexte, les sept trompes représentent les sept couleurs de l'arc-en-ciel et le chakra auquel chacune de ces couleurs est associée, les cinq tons et les deux demi-tons d'une octave, les sept planètes majeures et les sept éléments composant le corps humain – terre (*Raja*), fluides (*Rasa*), sang (*Rakta*), chair, fibres et tissus nerveux (*Mansa*), graisse (*Medba*), os (*Asthi*), moelle osseuse (*Majjan*). Les sept trompes sont aussi liées au désir de sécurité, de procréation, de longévité, de partage, de savoir, d'épanouissement personnel et d'union. Quand tous ces attributs sont équilibrés, l'être humain devient complet.

Le dieu Brahmâ

Ceint par le bras du mantra « Lam », on voit l'enfant créateur Brahmâ (voir page 16, à gauche). Brahmâ, le premier créé de la triade de l'hindouisme, est surtout un dieu créateur, père des dieux et des hommes. Ici, il apparaît comme un personnage rouge, à quatre visages, chacun censé symboliser l'un des quatre Veda, les textes sacrés de l'hindouisme. Dans trois de ses mains il tient le sceptre, la calebasse et le chapelet, sa quatrième main faisant le mûdra qui dissipe la peur.

Pour l'hindouisme, les trois parties formant le sceptre représentent les trois *gunas* nés de la divinité : *sattva*, la lumière qui révèle le véritable moi, *rajas*, la passion, l'activité, l'envie de plaisir et de fortune, et *tamas*, l'ignorance, qui lie par l'indolence, la paresse et l'illusion. Le sceptre représente aussi les pensées, les paroles et les actes, ainsi que le conduit par lequel monte la kundalinî.

La calebasse rappelle que la quête du mystère de la vie et de l'esprit commence en travaillant avec les qualités et les attributs du chakra racine. Le chapelet disposé en cercle symbolise la complétude et le temps, ses cent huit grains évoquant les nombreuses incarnations en une forme humaine. On progresse sur la voie choisie seulement quand on devient capable de transcender ce chakra. Pour cela, on doit surmonter la peur, comme l'indique le geste de la quatrième main de Brahmâ.

La déesse Dâkinî

Dâkinî (ci-dessous, à droite) est la déesse du chakra racine. Avec ses quatre bras et ses yeux rouges étincelants, elle est censée être le véhicule de la révélation du savoir divin. Toute personne qui médite sur elle aura accès à ce savoir. Elle tient dans une main la lance (ou les ciseaux, comme ici), représentant le principe masculin et la force génératrice. La signification de la lance et du crâne humain est double – elle symbolise la force vitale que renferme la tête, tout en se rapportant à la mort due à la vanité. Cette signification évoque le besoin de renoncer aux plaisirs terrestres afin de ressentir la vraie félicité. Dans sa main droite, Dâkinî tient une épée et une coupe de vin ou deux fleurs de lotus. L'épée symbolise la protection et la force d'agir sur ses faiblesses pour obtenir en récompense le nectar de la vie (*amrita*), représenté par les fleurs de lotus ou le vin.

Savoir, volonté et action

Au centre du carré, un triangle rouge lumineux et délicat, pointe vers le bas, est le yantra (la forme géométrique) du lingam et la kundalinî qu'il contient. Ce triangle renferme la puissance du savoir, de la volonté et de l'action ; il représente Ida, Pingala et Sushumna, ainsi que le besoin humain d'intégrer le corps, le mental et l'esprit. Il représente aussi l'énergie féminine. Au chakra racine, il abrite le lingam (masculin) réputé avoir l'apparence de l'or fondu et la forme d'un bourgeon. L'énergie kundalinî, dépeinte comme un serpent pareil à un éclair, est lovée trois fois et demie autour du lingam. Le serpent, sa queue dans sa bouche et la tête dirigée vers le bas, bloque l'entrée du Sushumna.

Stimuler Muladhara

Ce chakra est le centre des instincts de procréation, des instincts de survie et des bas instincts. À la différence de certains chakras supérieurs, il est assez vibrant et animé chez la majorité des gens. Il influence le sang, la colonne vertébrale, le système nerveux, le vagin, les jambes, les testicules et les os.

Chaque chakra présente des tendances opposées : chez Muladhara, il s'agit de l'inspiration et de l'expiration. Afin de transcender ce chakra, on doit s'évertuer à dépasser les instincts vitaux. Les exercices suivants vous aideront à vous familiariser avec ce chakra et ses énergies.

Énergie équilibrée

Quand l'énergie de ce chakra est équilibrée, elle confère de la vitalité au corps physique, suscitant un sentiment de bien-être, d'ancrage, de centrage, de sexualité affectueuse et de maîtrise de soi.

Énergie surabondante

L'énergie surabondante (chakra qui tourne trop vite) risque de déboucher sur l'agressivité, l'autoritarisme, l'égotisme et l'inhibition sexuelle.

Énergie insuffisante

Une énergie insuffisante (chakra qui tourne trop lentement) génère manque de confiance et dépression, accompagnés d'une faible volonté de réalisation personnelle. Elle peut aussi faire perdre l'intérêt pour la sexualité et affaiblir le sentiment d'ancrage.

Troubles physiques

Parmi les troubles physiques susceptibles d'apparaître quand ce chakra ne fonctionne pas à son potentiel plénier, on trouve problèmes spinaux, problèmes de jambes, troubles testiculaires, inhibition du renouvellement des globules sanguins, hémorroïdes.

CI-CONTRE. Ce chakra est situé au niveau du périnée, entre l'anus et les organes génitaux. Il est associé au plexus pelvien.

activer muladhara sur le corps

Assis dans une position confortable, relaxez le corps avant de vous concentrer sur la base de la colonne vertébrale, le Muladhara chakra. Visualisez ce chakra comme un vortex d'énergie rouge. Essayez de déterminer si ce courant d'énergie est régulier ou non. Dans ce dernier cas, il s'agit d'une énergie stagnante accumulée, qu'il faut éliminer.

En vous concentrant sur les pieds, inspirez la lumière rouge clair de la terre à travers la plante de vos pieds, faites-la monter par vos jambes et pénétrer dans le chakra racine. En expirant, imaginez ce flot rouge d'énergie tourbillonner depuis ce chakra jusqu'à votre aura, puis revenir dans la terre. Effectuez cet exercice pendant 5 à 10 minutes. Ensuite, concentrez-vous de nouveau sur le chakra et percevez tout changement.

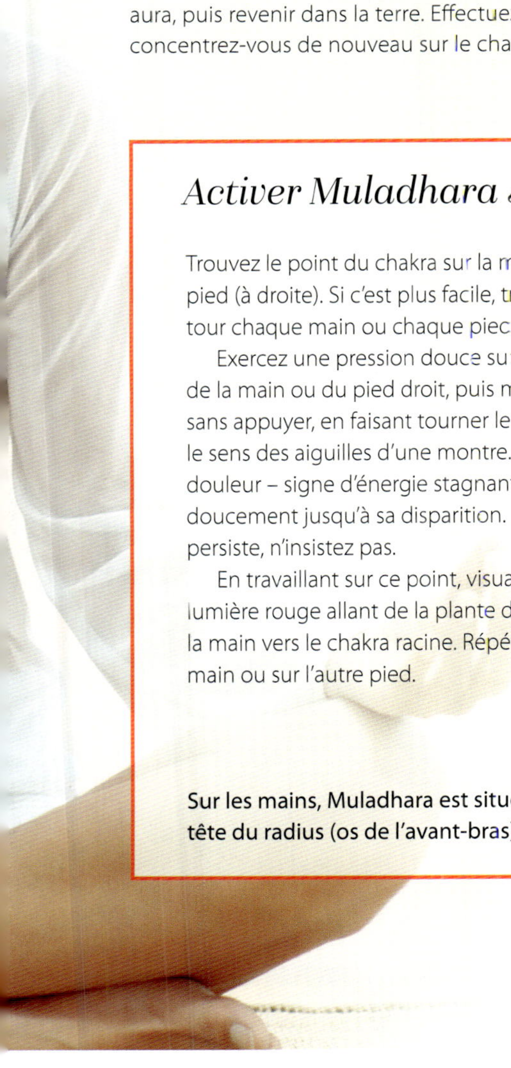

Activer Muladhara sur les mains et les pieds

Trouvez le point du chakra sur la main ou sur le pied (à droite). Si c'est plus facile, traitez tour à tour chaque main ou chaque pied.

Exercez une pression douce sur ce point de la main ou du pied droit, puis massez-le sans appuyer, en faisant tourner le pouce dans le sens des aiguilles d'une montre. En cas de douleur – signe d'énergie stagnante – appuyez doucement jusqu'à sa disparition. Si la douleur persiste, n'insistez pas.

En travaillant sur ce point, visualisez une lumière rouge allant de la plante du pied ou de la main vers le chakra racine. Répétez sur l'autre main ou sur l'autre pied.

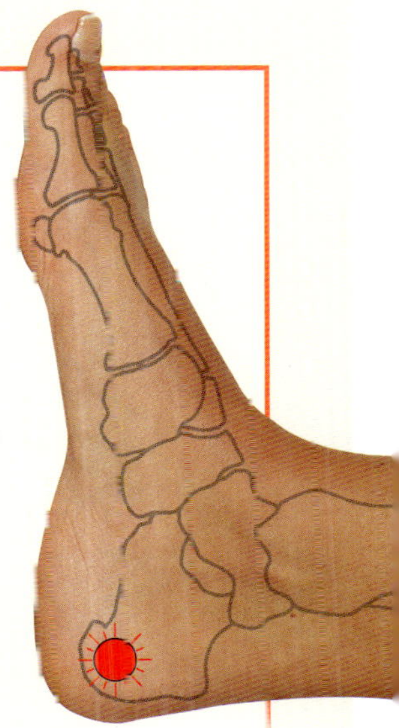

Sur les pieds, Muladhara est situé sur le bord inférieur du calcanéus (os du talon).

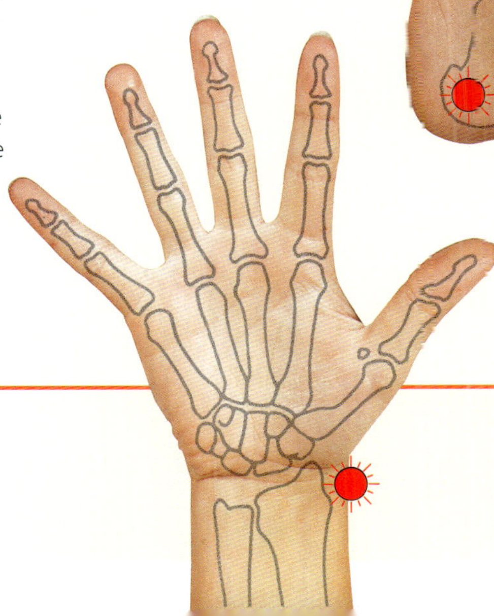

Sur les mains, Muladhara est situé sur la tête du radius (os de l'avant-bras).

L'élément terre

Selon la philosophie indienne, l'univers est constitué d'une combinaison de cinq ingrédients de base, chacun renfermant une proportion différente de matière et de conscience. Le premier, l'élément terre, avec sa qualité de solidité, est associé à Muladhara chakra. Il est représenté par le carré jaune du symbole montré à la page 16.

Les quatre côtés de ce carré évoquent les quatre coins de la Terre et les quatre éléments. Encore plus important, ils signifient les quatre qualités requises pour suivre toute voie spirituelle : honnêteté, franchise, intégrité et moralité. Les Hindous tiennent le carré pour l'archétype et le modèle de l'ordre dans l'univers. La personne qui souhaite suivre une voie spirituelle doit mener une vie ordonnée et structurée.

En vous concentrant sur cet élément, pensez à la terre comme à une entité vivante qui essaye, elle aussi, de faire un saut quantique vers le niveau de conscience suivant. Pour y arriver, elle doit se débarrasser des toxines qui, par notre faute, la polluent. Quand vous effectuez l'exercice ci-contre, tentez d'envoyer mentalement à la terre de l'amour et de la lumière et de trouver des moyens d'en alléger la pollution.

Exercice. Quand on travaille avec les chakras, il est important de rester ancré, soit en jardinant, soit en effectuant des exercices spécifiques, comme celui présenté ici, conçu pour maintenir l'équilibre énergétique du Muladhara.

Dans l'idéal, cet exercice doit être effectué debout ou assis, pieds nus sur le sol. Si vous n'avez pas de jardin, ni d'accès à un espace au grand air, tenez-vous dans la maison, pieds nus sur le sol.

Commencez par inspirer et expirer en comptant jusqu'à 5 afin de relâcher toute tension du corps et d'apaiser le mental. Concentrez-vous ensuite sur les pieds. Visualisez des racines s'enfonçant depuis la plante de vos pieds dans la terre mère, vous ancrant à elle. Laissez-la nourrir vos pieds, vos jambes et le Muladhara à travers ces racines. Percevez-en l'effet stabilisateur.

Après quelques minutes, concentrez-vous sur le sommet de la tête. Visualisez un rayon de lumière blanche vivifiante pénétrant par là, descendant par la colonne vertébrale, passant par les jambes et les pieds et, à travers vos racines, dans la terre. Offrez cette énergie vivifiante à la terre en remerciement de la nourriture qu'elle vous fournit.

Quand vous êtes prêt, retirez vos racines de la terre et contemplez l'effet ancrant que cet exercice a sur vous.

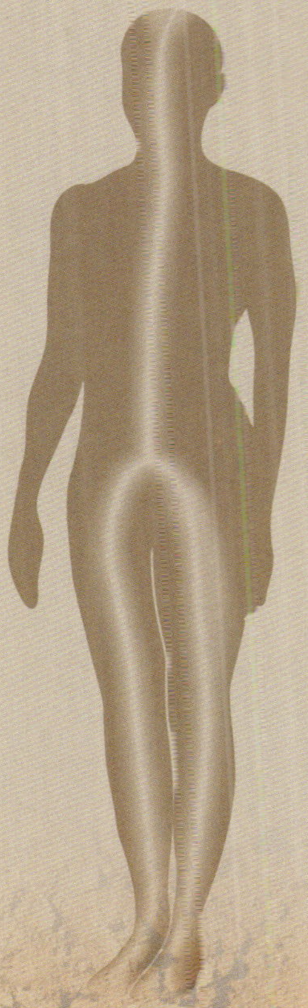

couleur et visualisation

La couleur rouge, voyante, dotée d'une énergie faible, est associée au chakra racine et liée à la sexualité et à l'éveil de l'énergie sexuelle. Ses teintes plus foncées signalent l'agressivité et la peur, émotions des plus nuisibles pour l'esprit, car elles empêchent d'avancer. La plupart des peurs découlent du conditionnement, sur lequel il faut travailler si on vise la maîtrise de l'énergie de ce chakra. Peut-être doit-on se rappeler sans cesse que ce qui était bon pour soi hier risque de ne plus l'être aujourd'hui.

Les attributs associés aux quatre pétales rouges du lotus se rapportent à certaines qualités de ce chakra. Le rouge est la couleur rattachée à l'énergie masculine, à la chaleur, à la procréation, à la survie et à la renaissance.

Le rouge dans les cultures du monde

En Inde, le jour des noces, la jeune mariée est parée d'un sari rouge symbolisant la fertilité. Le rouge accompagne aussi les événements les plus importants de la vie de certaines peuplades, comme la tribu brésilienne Craho, dont le chaman se peint le visage en rouge lors des cérémonies et dont les morts sont enduits d'ocre rouge, marque de renaissance dans le monde spirituel.

L'énergie du chakra racine

La survie physique est la principale préoccupation de ceux dont l'énergie est centrée sur le chakra racine. Par conséquent, soit leurs pensées sont centrées sur la peur de souffrir physiquement ou psychologiquement, soit ils ont tendance à blesser les autres. Si ce chakra n'a pas assez d'énergie, la personne risque de devenir apathique, de manquer de la volonté nécessaire pour atteindre ses objectifs, d'être peu assurée, de se sentir en danger, d'être anxieuse et inquiète.

On peut apprendre à maîtriser l'énergie de ce centre grâce aux visualisations de la couleur et aux autres exercices de ce chapitre, qui permettront de transformer toute négativité ou apathie en énergie physique forte, positive. La récompense sera un grand amour pour la vie, associé au contentement et à la paix intérieure. En cas de problèmes dans des parties du corps liées à ce chakra (voir page 20), il sera particulièrement bénéfique de travailler régulièrement avec lui.

CI-DESSOUS. Le rouge, couleur associée au chakra racine, est portée à l'occasion des mariages hindous comme signe de fertilité et de procréation.

Visualisation avec le rouge

Asseyez-vous confortablement dans un endroit chaud et tranquille. Le dos est droit, le corps détendu, le mental serein et paisible.

Concentrez-vous sur vos pieds et imaginez qu'ils reposent sur un tapis rouge vif. Bougez les orteils pour sentir la texture du tapis moelleux, puis essayez de percevoir la chaleur et l'énergie que cette couleur envoie à travers la plante de vos pieds.

Visualisez vos pieds saturés de lumière rouge et imaginez que cette couleur remonte par vos jambes jusqu'au chakra racine. Contemplez sereinement la relation de cette couleur avec le chakra. Souvenez-vous que Muladhara est associé au corps et à la procréation, et que le rouge, sa couleur dominante a des attributs lents, chauds et vibrants.

En vous focalisant sur le chakra racine, visualisez un rouge clair, vibrant, passant de ce centre dans l'aura, descendant par vos jambes pour arriver à vos pieds.

Continuez cet exercice de 5 à 10 minutes. Vos jambes et vos pieds seront chauds et chargés en énergie. En outre, vos niveaux d'énergie seront généralement plus élevés.

asanas stimulantes

Les postures yoga (*asanas*) montrées ici travaillent directement avec le chakra racine. D'autres postures convenant tout aussi bien à ce chakra existent, mais l'espace disponible ne permet pas qu'elles soient présentées.

Afin de stimuler ce chakra, il est essentiel que la position du corps soit correcte. Pour maximiser son effet sur le chakra, la posture doit être maintenue aussi longtemps que possible, sans effort, en respirant profondément et régulièrement. En travaillant avec le chakra racine, visualisez une lumière pure, rouge, claire, rayonnant de celui-ci. Essayez de percevoir l'énergie de cette couleur au niveau du coccyx et autour de celui-ci.

Il est très tentant de pratiquer les *asanas* faciles, mais ce n'est pas une bonne idée, car chaque *asana* fortifie une partie spécifique du corps, la préparant à la montée de l'énergie shakti. Celle-ci fera son apparition quand vous serez spirituellement prêt.

Si vous voulez suivre la voie du yoga, trouvez-vous un maître expérimenté.

asana d'échauffement

lien bras-jambe

1 Asseyez-vous sur le sol, jambes tendues et dos bien droit.

2 Fléchissez les genoux et placez la plante des pieds, écartés d'environ 15 cm, près de vos fesses.

3 Les bras passent entre les jambes, sous les genoux.

4 Expirez, inclinez-vous légèrement en arrière et restez en équilibre sur les fesses, pieds se levant du sol. Écartez les genoux autant que possible.

5 Maintenez pour la même durée l'inspiration et visualisez l'énergie du chakra se dilater et se contracter de façon synchronisée. Revenez à la position assise.

Bénéfices. Cette posture étire les muscles de la face interne des cuisses, ce qui la rend parfaite pour les femmes enceintes. Elle favorise l'équilibre et aide à s'exercer à prendre la posture du lotus.

ardha navasana 2 *le bateau*

1 Asseyez-vous sur le sol, jambes tendues devant vous.

2 Le dos bien droit, entrelacez les doigts sur votre nuque.

3 Expirez et inclinez-vous en arrière, en levant simultanément les jambes du plancher à un angle de 30 à 35 degrés. La tête doit être alignée avec les pieds

4 Maintenez la posture environ 30 secondes, en vous concentrant sur le chakra racine et la couleur rouge.

5 En expirant, revenez à la position assise.

Bénéfices. Tonifie les reins, la vésicule biliaire, le foie et la rate, fait travailler les muscles des cuisses et de l'abdomen, améliore l'équilibre, diminue la tension nerveuse et favorise la digestion.

yoga mudrasana *étirement du bras et de l'épaule*

AVERTISSEMENT. Si vous souffrez de sciatique, ne tentez pas la posture du lotus.

1 Pour cette *asana*, la posture assise correcte est celle du lotus (voir page 15). Si vous n'arrivez pas à la prendre, asseyez-vous en tailleur ou en demi-lotus (voir page 14).

2 En inspirant, joignez les mains derrière le dos.

3 En expirant et en gardant le dos bien droit inclinez-vous en avant à partir des hanches, pour amener le menton aussi près du sol que vous le pouvez. En même temps, levez les bras vers le plafond.

Bénéfices. Cette posture atténue la raideur des bras et des épaules et intensifie le mouvement péristaltique, ce qui soulage la constipation et améliore la digestion.

Respiration et son

Les exercices de respiration présentés ici doivent être pratiqués régulièrement dans un lieu calme, chaud et bien ventilé. Adoptez une posture confortable. Asseyez-vous sur une chaise à dossier droit, pieds sur le sol et mains sur les cuisses, ou en tailleur sur le sol.

Adoptez la même posture assise lorsque vous travaillez avec les mantras, en psalmodiant les sons associés aux chakras. À chaque répétition du mantra, essayez de percevoir la vibration de l'énergie générée par le son dans le chakra avec lequel vous travaillez. Cette vibration aide à éliminer l'énergie stagnante et maintient l'équilibre du chakra.

La respiration rythmique

Asseyez-vous confortablement dans l'une des positions décrites précédemment. Détendez votre corps et concentrez-vous environ 5 minutes sur le rythme naturel de votre respiration pour apaiser votre mental et induire un état de relaxation plus profonde.

Quand vous êtes prêt, inspirez et expirez en comptant jusqu'à 5. Si vous avez du mal, ne comptez que jusqu'à 4 ou 3. Avec de la pratique, votre capacité pulmonaire augmentera, vous permettant d'arriver à 7. Concentrez-vous sur le sommet du nez pour percevoir le changement de température entre l'inspiration et de l'expiration. Essayez de visualiser le passage de l'air qui entre et sort par vos narines.

Respirez en rythme pendant 5 à 10 minutes. Concentrez-vous ensuite sur le chakra racine et imaginez que chaque inspiration lui fait absorber une lumière blanche. Visualisez cette énergie comme une lumière liquide et, sur chaque expiration, imaginez-la purifiant et rééquilibrant ce chakra.

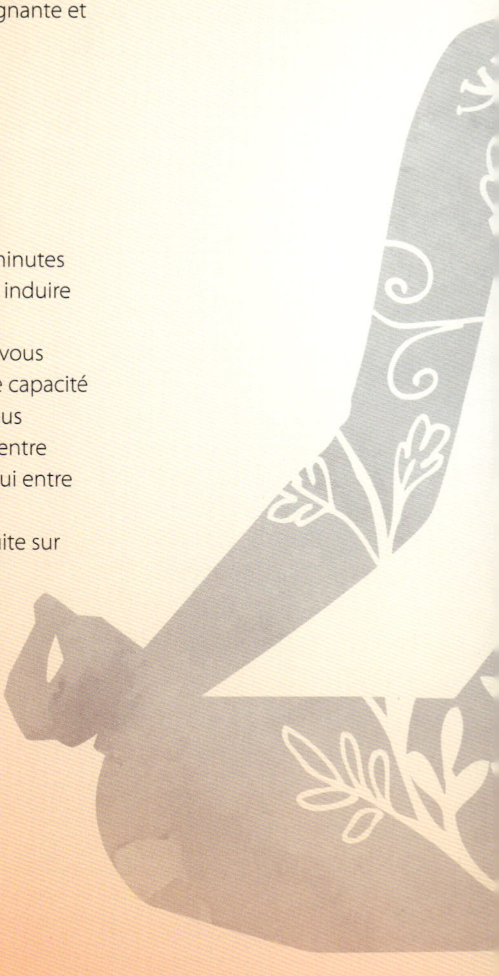

AVERTISSEMENT. En cas d'essoufflement ou d'étourdissement lors de ces exercices, reprenez une respiration normale. À mesure que votre corps et vos poumons s'habituent à ces exercices, les gênes ressenties initialement disparaîtront.

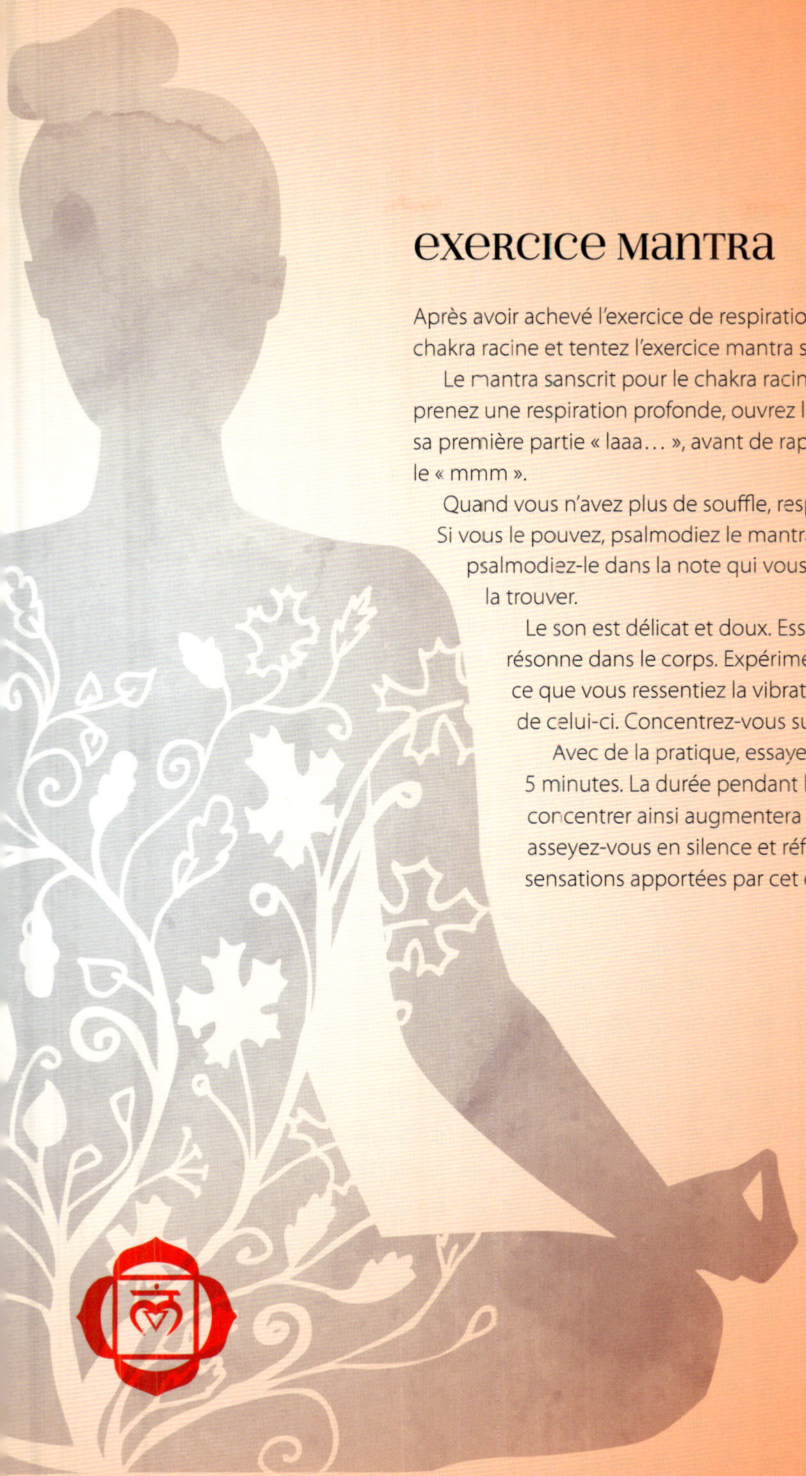

Exercice mantra

Après avoir achevé l'exercice de respiration rythmique, restez concentré sur le chakra racine et tentez l'exercice mantra suivant.

Le mantra sanscrit pour le chakra racine est « Lam ». Pour le psalmodier, prenez une respiration profonde, ouvrez la bouche et commencez à émettre sa première partie « laaa… », avant de rapprocher doucement les lèvres pour le « mmm ».

Quand vous n'avez plus de souffle, respirez de nouveau à fond et répétez. Si vous le pouvez, psalmodiez le mantra en do du milieu (du piano) ; sinon, psalmodiez-le dans la note qui vous convient le mieux. Exercez-vous pour la trouver.

Le son est délicat et doux. Essayez de percevoir le point où il résonne dans le corps. Expérimentez avec la hauteur du ton jusqu'à ce que vous ressentiez la vibration dans votre chakra racine et autour de celui-ci. Concentrez-vous sur Muladhara et projetez-y le son.

Avec de la pratique, essayez de faire durer cet exercice environ 5 minutes. La durée pendant laquelle vous êtes capable de vous concentrer ainsi augmentera peu à peu. Quand vous avez fini, asseyez-vous en silence et réfléchissez quelques minutes aux sensations apportées par cet exercice.

Travailler avec le yantra

Pour le non-initié, les yantras ne sont que des motifs intéressants. Toutefois, pour la personne qui étudie les chakras, les yantras sont les symboles mystiques des plans supérieurs de conscience. Lorsqu'on médite sur les yantras d'une manière particulière, on s'accorde aux vibrations qu'ils incarnent. Grâce à une pratique continue, la conscience est attirée sur les plans dont les yantras sont les représentations graphiques.

Beaucoup de yantras sont universels. Les yogis et les personnes suivant d'autres voies ésotériques s'en servent pour la méditation. Chaque yantra véhicule sa propre forme d'énergie, d'éveil et de subtilité.

Une pratique régulière rend l'individu plus sensible à la valeur d'un yantra particulier connecté à son développement personnel.

Le yantra du chakra racine est un carré jaune renfermant un triangle rouge pointe vers le bas (ci-contre). En effectuant l'exercice suivant, placez le dessin là où vous le verrez le mieux.

Aucune durée n'est conseillée pour cet exercice : effectuez-le à votre rythme. Essayez de rester détendu et concentré sur l'image du yantra pendant tout l'exercice. Si cela vous semble utile, notez vos expériences dans un carnet.

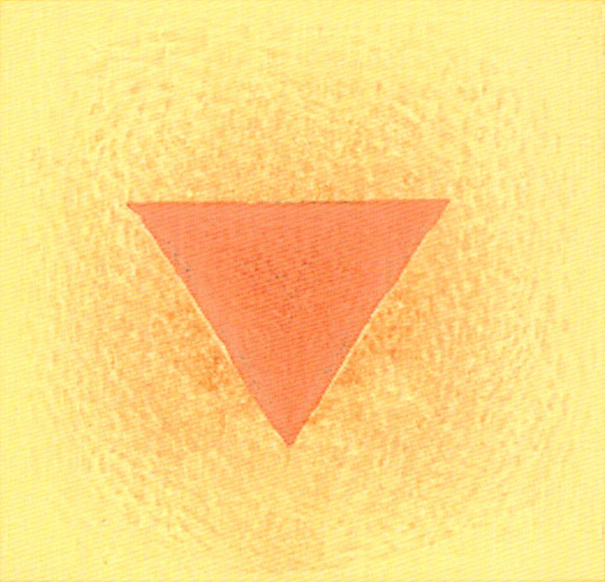

Exercice. Assis confortablement en lotus ou en tailleur, pratiquez quelques minutes l'exercice de respiration rythmique (page 28) pour détendre votre corps et votre mental.

Quand vous êtes prêt, entamez l'exercice yantra en vous concentrant sur le carré jaune. Celui-ci symbolise la solidité de la terre et aide à garder les pieds enracinés dans la terre mère. Avez-vous l'impression d'être ancré et d'avoir créé une base solide à partir de laquelle entamer votre travail de développement personnel ? Dans le cas contraire, effectuez l'exercice pour l'élément terre présenté à la page 23.

Le jaune du carré est lié à l'intellect. Cette couleur permettra d'envisager tout changement nécessaire pour la croissance personnelle. Dans un premier temps, ce travail fait appel à l'intellect, mais avec de la pratique on arrive à transcender celui-ci et à voir la vie d'une perspective supérieure. Les changements nécessaires deviennent alors plus faciles, car en cet état on se détache de la vie physique.

Déplacez ensuite votre regard sur le triangle rouge pointe vers le bas. Celui-ci représente l'énergie féminine, même s'il renferme le lingam (masculin). Ces deux symboles évoquent la dualité et le besoin d'œuvrer à l'intégration et à la globalité, ce qui met justement au défi cette dualité.

Contemplez les énergies masculine et féminine présentes en vous, pour savoir si vous les utilisez en égale mesure. Évaluez aussi le temps alloué au travail et aux loisirs. Les tâches logiques font appel à l'hémisphère cérébral gauche, masculin, tandis que les œuvres créatives ont recours à l'hémisphère droit, féminin.

Examinez votre alimentation. Un régime correct doit inclure à égale mesure des aliments acides et alcalins. Trop de l'un ou de l'autre suscite un déséquilibre susceptible de provoquer une maladie physique. Pour atteindre la complétude, on doit maintenir un équilibre dans sa vie.

Ressentez l'effet de la polarité à travers la respiration, tout en restant concentré sur le yantra. On peut y parvenir en effectuant les exercices de respiration rythmique présentés à la page 28. Le calme et la paix s'installent maintenant, pour une égale durée l'inspiration et l'expiration. Une respiration irrégulière et rapide engendrera de la tension, qui empêchera de réfléchir clairement au yantra et à l'objectif de la concentration sur lui.

Pour achever cet exercice, méditez sur l'explication donnée à ce yantra. Attaquez-vous au déséquilibre de votre vie et réfléchissez aux changements nécessaires pour la croissance spirituelle.

बं
भं
मं
यं
रं
लं
वं

Le chakra sacré

Svadhisthana

Le nom sanscrit de ce chakra est *Svadhisthana*, « sa propre demeure » À la différence du chakra racine, associé principalement à la survie et à l'instinct de conservation, ce chakra se rattache davantage aux plaisirs de la vie. Sa relation avec la sexualité lui a acquis la réputation d'être le centre des addictions agréables à la nourriture, à la boisson et aux conforts matériels. La personne dont les énergies sont concentrées là sera attirée par les expériences et les plaisirs sensuels.

SVADHISTHANA

स्वाधिष्ठान् चक्र

SIGNIFICATION
Sa propre demeure

DÉITÉS ASSOCIÉES
Varuna, Vishnu, Rakini

ÉLÉMENT
Eau

COULEUR
Orange

MANTRA
Vam

Svadhisthana est représenté par un cercle à six pétales orange, sur lesquels sont inscrites les lettres *ba*, *bha*, *ma*, *ya*, *ra* et *la*. Ces lettres symbolisent les états maladifs, pitoyables, l'ensemble des penchants destructeurs, paranoïaques, méprisants et méfiants. Les pétales orange évoquent l'énergie sexuelle génératrice de ce chakra, ainsi que la joie qui accompagne la création d'une forme humaine destinée à une âme incarnée.

Dans le cercle, un croissant de lune représente l'élément eau. La lune évoque la lumière, la croissance et la régénération ; son énergie contrôle le flux et le reflux des océans, des saisons, des pluies et des inondations, ainsi que la fluctuation des émotions humaines. Ce chakra devient actif à la puberté, époque de considérables bouleversements émotionnels chez la plupart des adolescents. Les influences lunaires affectent le cycle menstruel.

Le dieu Varuna

Varuna, dieu associé à l'élément eau et au mantra « Vam », figure souvent assis dans un croissant de lune. Représenté comme un homme blanc, à quatre bras, il est juché sur le dos d'un *makara*, animal fantastique semblable à un alligator, aux attributs de poisson, de crocodile et d'éléphant. Il tient un collet. L'association de Varuna avec l'eau le rattache à la lune, parfois décrite comme un réservoir de fluide sacrificiel – *soma* –, dont il prend soin durant ses phases croissante et décroissante. Dans la mythologie de l'hindouisme, la lune est la demeure des défunts : Varuna partage avec le dieu Yama le titre de roi des morts. Varuna est le seigneur de l'ordre physique et moral ; omniprésent, il connaît le passé et l'avenir.

Le dieu Vishnu

Le jeune dieu Vishnu est installé dans le giron du mantra, assis sur un lotus rose. Étant l'un des plus populaires dieux hindous, son culte est particulièrement joyeux. Bien que son rôle soit essentiellement celui de conservateur et de restaurateur, ses fidèles lui prêtent souvent le

statut de dieu suprême et de créateur. Ici, son corps couleur miel foncé est vêtu de jaune. Sur certaines représentations on voit aussi une boucle de poils sur la poitrine, symbolisant *sattva*, *rajas* et *tamas*, les trois attributs de la nature tenus pour la source du monde matériel. Vishnu arbore un grand joyau étincelant et une guirlande qui lui tombe jusqu'aux genoux, tressée de fleurs des quatre saisons évoquant les quatre éléments majeurs. L'une de ses quatre mains tient la conque d'où est sorti le son primordial « aum » et qui, pour ce chakra, représente le principe féminin, l'élément eau, la régénération et la fertilité. La massue et le lotus rappellent le besoin de maîtriser les chakras afin d'utiliser leur pouvoir pour le développement spirituel. La fleur de lotus sur laquelle se tient Vishnu est son emblème de dieu solaire. Parfois, il est montré avec un disque de lumière, symbolisant la rotation des chakras.

La déesse Rakini

Aux côtés de Vishnu, assise sur un lotus double et parée d'habits célestes, la rayonnante déesse Rakini (à droite) tient dans ses mains levées un lotus, un trident et une hache d'armes affûtée. Ses trois yeux sont rouges et du sang s'écoule de ses narines.

La hache d'armes et le trident, symboles du dieu du feu Agni, témoignent du concept des contraires de ce chakra. L'élément principal de ce chakra est l'eau qui, lorsqu'elle entre en contact avec l'élément feu, devient de la vapeur, donc capable de s'élever dans l'atmosphère. Ce symbolisme explique la tâche nécessaire : transformer les énergies de ce chakra pour qu'elles montent comme la vapeur vers un niveau supérieur de conscience.

Feu et eau

Chez les femmes, cette transformation prend naturellement place à la ménopause, quand les énergies génératrices inférieures, utilisées pour donner un corps à l'âme incarnée, sont transmuées au chakra de la gorge, où elles servent des buts spirituels. Une théorie intéressante prône qu'à cette époque de la vie d'une femme, le feu et l'eau dominent en alternance, ce qui induit probablement les bouffées de chaleur et les déséquilibres émotionnels. Selon certains, la thérapie de remplacement hormonal bloque les énergies génératrices inférieures au chakra sacré entravant ainsi leur transformation naturelle.

Les textes tantriques anciens mentionnent que les personnes qui travaillent avec Svadhisthana et méditent sur lui sont libérées de six défauts : luxure, colère, cupidité, illusion, orgueil et envie. Pour aboutir à cet état, il faut cependant de nombreuses années de pratique régulière.

Stimuler Svadhisthana

Ce chakra est la source de vitalité du corps éthérique et régit la relation amour/haine. Ses forces contraires sont l'attraction et la répulsion, sentiments gouvernant les désirs. Transcender ce chakra, c'est ignorer ce qu'on aime et ce qu'on déteste afin de pouvoir considérer toutes les choses comme des éléments d'un ensemble. Sur le plan physique, ce chakra influence les organes reproducteurs féminins, les glandes mammaires, la peau, les reins et les glandes surrénales. À la différence de la puissante énergie masculine agressive du chakra racine, l'énergie de celui-ci, est plus douce tout en lui étant complémentaire. Les exercices suivants vous familiariseront avec ce chakra et ses énergies.

Énergie équilibrée

Quand l'énergie de ce chakra est équilibrée, vous êtes en contact avec vos émotions et vous faites confiance aux autres.

Énergie surabondante

L'énergie surabondante (chakra qui tourne trop vite) fait apparaître une nature hyperémotive, agressive, excessivement ambitieuse, manipulatrice, gâtée et obsédée par le sexe.

Énergie insuffisante

L'énergie insuffisante (chakra qui tourne trop lentement) engendre hypersensibilité, timidité, ressentiment, méfiance et culpabilité.

Troubles physiques

Parmi les affections suscitées par un déséquilibre, on trouve : affections rénales et vésiculaires, problèmes circulatoires, troubles intestinaux, respiration superficielle et irrégulière, énergie faible, troubles du système nerveux central, migraines et mauvais fonctionnement des organes de reproduction.

CI-CONTRE. Svadhisthana est situé à mi-chemin entre le pubis et le nombril.

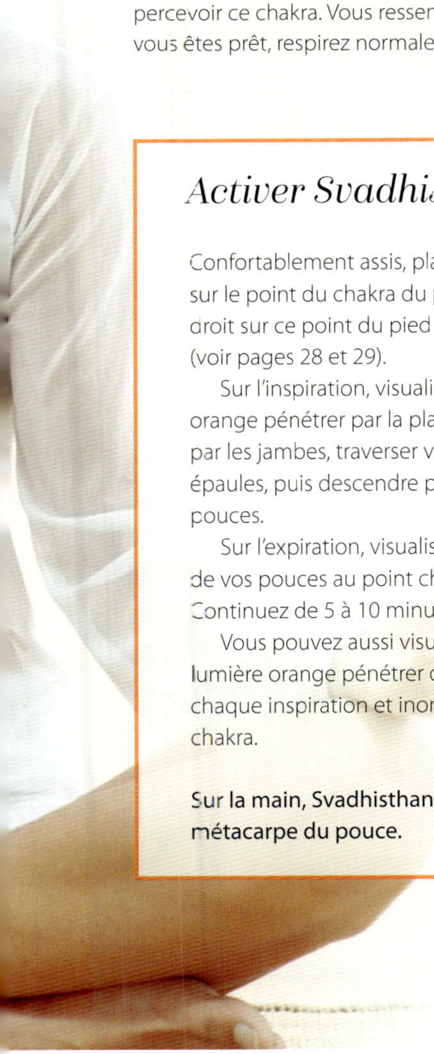

ACTIVER SVADHISTHANA SUR LE CORPS

Pour commencer, inspirez et expirez en comptant jusqu'à 5. Répétez de 8 à 10 fois. Concentrez-vous ensuite sur le chakra. En gardant ce rythme respiratoire, visualisez sur l'inspiration un rayon de lumière orange pénétrer dans le corps par les pieds, monter par les jambes et aller jusqu'au chakra sacré.

Sur l'expiration, visualisez le passage de cette couleur du chakra dans l'aura. Continuez de 5 à 10 minutes. À mesure que la concentration devient plus intense, essayez de percevoir ce chakra. Vous ressentirez peut-être une chaleur ou une vibration douce. Quand vous êtes prêt, respirez normalement.

Activer Svadhisthana sur les mains et les pieds

Confortablement assis, placez le pouce gauche sur le point du chakra du pied gauche et le pouce droit sur ce point du pied droit. Respirez en rythme (voir pages 28 et 29).

Sur l'inspiration, visualisez un rayon de lumière orange pénétrer par la plante des pieds, monter par les jambes, traverser votre corps jusqu'aux épaules, puis descendre par les bras dans les pouces.

Sur l'expiration, visualisez la lumière passer de vos pouces au point chakra de chaque pied. Continuez de 5 à 10 minutes.

Vous pouvez aussi visualiser un rayon de lumière orange pénétrer dans vos pieds sur chaque inspiration et inonder chaque point du chakra.

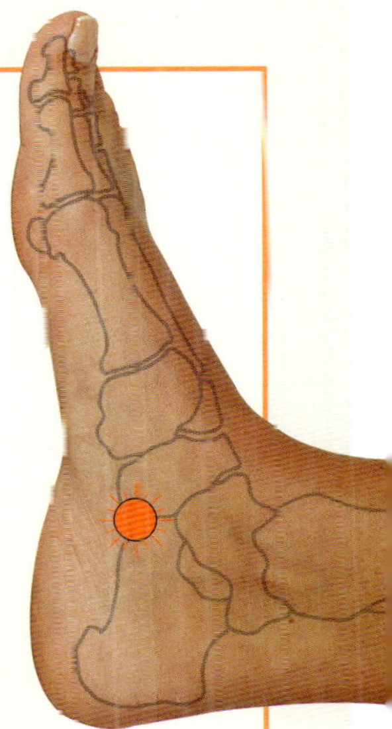

Sur le pied, Svadhisthana se trouve au point où l'os naviculaire s'articule au calcanéus (le talon).

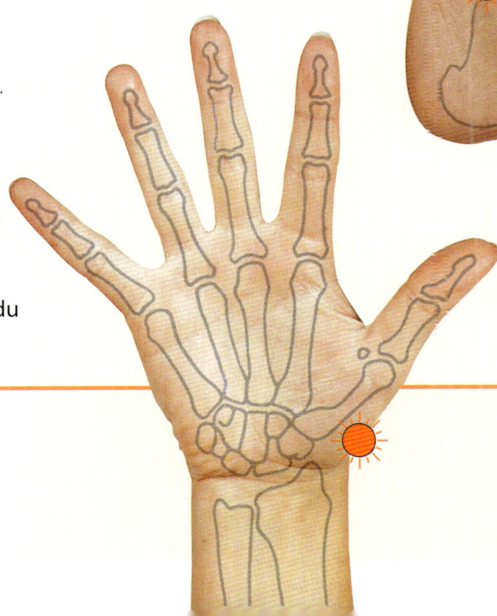

Sur la main, Svadhisthana est situé à la base du métacarpe du pouce.

L'élément eau

L'eau, l'élément lié au chakra sacré, est essentielle pour la vie. La pluie apporte de l'eau à la terre, arrosant la végétation. En remplissant les fleuves et les ruisseaux, liés au système circulatoire de la Terre, elle entretient l'ensemble des êtres.

L'eau, symbole de la vie, est aussi associée à la mort. Pour trouver la vie éternelle, les Hindous répandent les cendres de leurs proches dans le fleuve sacré Gange. L'eau est aussi un médium de guérison. Beaucoup de malades vont à Lourdes (France) et à Walsingham (Angleterre) pour se soigner avec une eau sacrée. L'eau du baptême chrétien symbolise la purification.

La fleur de lotus, fleur de lumière et de grande beauté, s'épanouit dans l'eau. Le lotus représente le développement spirituel : au début, ses racines sont plongées dans la boue, puis il monte à travers l'eau opaque pour s'épanouir sous les rayons du soleil.

On est souvent submergé par les eaux boueuses de l'esprit, par les débris accumulés des actions passés. Comme la fleur, on doit ignorer les désirs égoïstes et laisser la conscience supérieure s'épanouir à la lumière du soleil spirituel. Le lotus étincelant du moi spirituel apparaît quand les eaux se retirent et que la boue est balayée.

Exercice. Visualisez-vous à l'aube d'une nouvelle journée, contemplant un bouton de lotus reposant sur les eaux calmes d'une mare. Laissez votre imagination vous conduire jusqu'aux racines du lotus, enfoncées dans la boue, au fond de la mare. Contemplez votre vie, les situations et le conditionnement qui vous empêchent de sortir du bourbier de la peur et de l'impuissance.

Regardez la force de ses racines, qui permet au lotus de s'élever à travers les eaux boueuses. Il y a des moments où on a besoin de cette force pour sortir du réseau de chaos et d'illusion dans lequel on est pris. Voyez la fleur émerger au soleil. Juste au bon moment, l'enveloppe protectrice qui recouvre les pétales délicats tombe et la fleur s'ouvre pour révéler sa beauté.

De même, si on veut s'épanouir au soleil spirituel, le développement spirituel exige le dépouillement des couches protectrices. Si le bouton de lotus s'ouvre trop tôt, ses pétales seront endommagés. Si on tente de se développer spirituellement trop vite, on risque aussi d'être endommagé. Il faut se fier à son intuition.

Les rayons chauds et doux du soleil incitent le bouton du lotus à s'ouvrir dans toute sa splendeur. Avant de finir cette méditation, contemplez votre propre éveil spirituel.

Couleur et visualisation

La couleur associée au chakra sacré est l'orange. On dit que le nom de cette couleur vient de l'arabe *naranj*, « fruit ». Les colorants orange, chauds et vibrants, apparus au XIXe siècle, étaient fabriqués à partir de la racine rouge et charnue de garance. Les somptueuses teintes modernes sont à base de colorants synthétiques.

Dans le spectre visible, la couleur orange se trouve entre le rouge et le jaune. Elle influence la vitalité et l'intellect. Comme le rouge, l'orange est associé à la sexualité, mais d'une manière plus subtile. Lié à la joie et au bonheur, il libère les pensées et les sentiments en dissipant la lourdeur et en permettant au corps de bouger naturellement. On dit que l'orange provoque des changements de la structure biochimique, qui font disparaître la dépression.

La personne physiquement attirée par l'orange manque probablement d'énergie, est déprimée ou souffre d'une affection typiquement féminine. L'attirance émotionnelle ou mentale peut provoquer une perte de joie et de stimulation affective ou intellectuelle, pour toutes sortes de raisons. Bien que la couleur orange puisse remonter temporairement le moral et donner de l'énergie, la guérison complète du problème interviendra uniquement si la cause est connue et traitée. L'aide d'un thérapeute expérimenté sera bénéfique.

Pour profiter de la couleur orange, travaillez avec la visualisation, la respiration des couleurs (l'assimilation mentale de la couleur par le souffle) et mettez des vêtements orange. Lorsque vous endossez des vêtements de couleur, portez toujours des sous-vêtements blancs, sinon vous recevrez un mélange des deux couleurs que vous portez. La luminothérapie, très efficace et puissante, doit être pratiquée de préférence chez un thérapeute.

Sur le plan spirituel, cette couleur lance le défi d'examiner ses croyances. En l'arborant ou en travaillant avec la visualisation (ci-contre), on constate que certaines convictions s'estompent. Si ce sentiment subsiste longtemps, il faut réfléchir à la quête de sa propre vérité dans la vie.

À GAUCHE. L'orange, couleur associée au chakra sacré, chaude et stimulante, a le pouvoir d'insuffler la joie. La visualisation du crépuscule, comme pour l'exercice ci-contre, dissipe la négativité du passé.

Visualisation avec l'orange

Confortablement assis, corps relaxé et mental calme, imaginez que vous êtes au sommet d'une colline au crépuscule, à regarder la mer. Écoutez le bruit des vagues, devenez conscient de leur mouvement rythmique. Synchronisez votre respiration avec leur flux et reflux, inspirant quand les vagues se brisent sur la plage et expirant quand elles se retirent.

Concentrez-vous sur le soleil descendant sous l'horizon. Ses rayons jaunes prennent une nuance orange foncé, traversant comme des flèches ardentes le ciel sombre pour mettre le feu à l'océan. Sur l'inspiration suivante, visualisez ces flèches de lumière orange pénétrer dans votre chakra sacré afin de le purifier et l'animer en tournant autour de son centre dans le sens des aiguilles d'une montre.

Expirez, éliminant ainsi toute négativité et énergie stagnante subsistantes. Si vous connaissez la cause de la stagnation, essayez de résoudre le problème. Parfois, une énergie résiduelle provient d'un passé lointain. Laissez les rayons orange disperser en douceur l'énergie indésirable.

Faites revenir votre conscience à l'horizon à mesure que le velours sombre de la nuit vous enveloppe de sa paix.

asanas stimulantes

Ces postures yoga (*asanas*) travaillent directement avec le chakra sacré. Physiquement, elles utilisent les muscles ischio-jambiers (face postérieure des cuisses), dont l'assouplissement exige parfois beaucoup de pratique.

Pour ces postures, il est important de se pencher depuis les hanches, pas depuis le torse. La tension dans la partie inférieure du corps rend l'exercice difficile, mais la position du corps avant et durant une posture compte davantage que le point jusqu'où on peut aller.

En pratiquant Padangusthasana, assurez-vous que le poids du corps est également réparti sur l'avant des pieds, ce qui aidera à garder les hanches en ligne avec les chevilles.

Quand vous êtes allé aussi loin que vous le pouvez dans une posture, respirez normalement et concentrez-vous sur le chakra sacré. Sur l'inspiration, visualisez un rayon de lumière orange monter à travers vos pieds jusqu'à ce chakra pour le fortifier et l'animer. Utilisez cette visualisation aussi longtemps que vous arrivez à maintenir la posture. Puis inspirez et revenez à une posture soit debout, soit assise.

Padangusthasana

posture de la main aux orteils

AVERTISSEMENT. Ne pratiquez pas en cas de sciatique.

1 Commencez en posture debout (voir page 15).

2 Inspirez et élevez la colonne vertébrale, puis expirez en vous penchant en avant depuis les hanches, dos droit et genoux bloqués.

3 Essayez de saisir vos gros orteils avec vos mains.

4 Inspirez, puis, sur l'expiration suivante, continuez à vous pencher sur vos jambes, en plaçant les mains à plat sur le sol, de part et d'autre des pieds.

Bénéfices. Cette posture atténue la constipation et l'indigestion, accroît la souplesse des muscles dorsaux et stimule les nerfs spinaux. Soulage les affections sexuelles et accroît l'apport de sang au cerveau.

Janu Sirasana *posture la tête au genou*

AVERTISSEMENT. Ne pratiquez pas en cas de sciatique.

1 Asseyez-vous sur le sol, jambes tendues devant vous.

2 Fléchissez le genou droit et placez la plante du pied droit contre la cuisse gauche. Le genou touche le sol (si vous n'arrivez pas à toucher le sol avec le genou droit, soutenez-le avec un coussin ou une couverture pliée).

3 Sur l'inspiration, la colonne vertébrale bien droite, saisissez le pied gauche de vos deux mains (si vous n'y arrivez pas, placez une ceinture autour du pied et tenez ses deux extrémités).

4 Sur l'expiration, le dos bien droit, abaissez doucement le torse sur la jambe gauche, genou bloqué.

5 Sur l'inspiration suivante, ramenez le torse à la posture assise. Répétez sur le côté gauche en fléchissant le genou gauche.

Bénéfices. Cette posture atténue la constipation et l'indigestion, accroît la souplesse des muscles du dos et stimule les nerfs spinaux. Soulage les affections sexuelles et accroît l'apport de sang au cerveau.

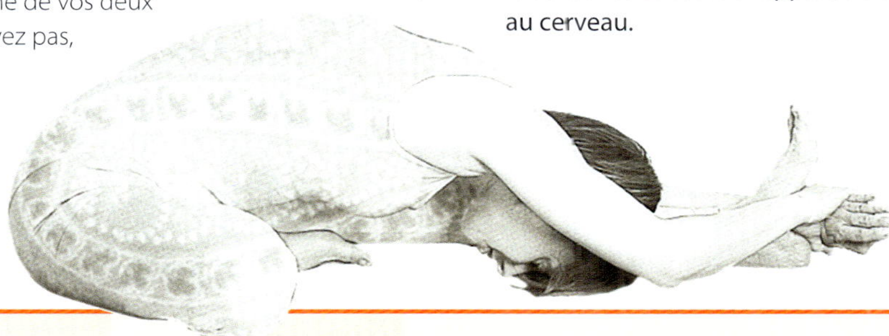

Paschimottanasana *posture d'étirement du dos*

1 Asseyez-vous sur le sol, jambes tendues devant vous.

2 En inspirant, la colonne vertébrale bien droite, portez vos mains jusqu'à vos pieds (si vous n'y arrivez pas, utilisez une ceinture, comme pour l'exercice précédent).

3 Le dos bien droit et les genoux bloqués, expirez et abaissez lentement le torse jusqu'à ce qu'il soit posé à plat sur les jambes. Maintenez cette posture pendant l'exercice de visualisation. Quand vous êtes prêt, inspirez et revenez à la position assise.

AVERTISSEMENT. Évitez en cas de sciatique, de hernie discale ou d'arthrite chronique.

Bénéfices. Cette posture favorise la perte de poids dans la région abdominale. Elle tonifie les organes abdominaux, stimule les reins, le foie, le pancréas et les glandes surrénales.

Respiration et son

La respiration est le lien le plus important entre le corps et l'esprit. De nombreuses cultures anciennes connaissaient son pouvoir et l'utilisaient pour élever le niveau de conscience et pour guérir. Chez les Grecs, le diaphragme était le siège de l'âme. Selon de nombreux mystiques, certaines formes particulières de respiration permettaient de connaître le vrai moi.

Le mode de respiration détermine le bien-être mental et physique. Quand on est nerveux, la respiration devient superficielle et agitée, diminuant l'apport d'oxygène et de *prana*. En rendant la respiration plus profonde à l'aide des exercices présentés ici, le taux d'oxygène augmente dans le sang et l'anxiété diminue.

La pratique des exercices de respiration peut provoquer des changements physiques, accroître la sensibilité et rendre plus réceptif aux champs énergétiques environnants. Difficile de rester concentré sur la respiration, mais avec de la pratique on y arrive.

La respiration complète prend la suite de la respiration rythmique.

La respiration complète

Assis en tailleur (voir page 14), éliminez en douceur la tension de votre corps. Concentrez-vous sur la respiration ; prenez quelques courtes inspirations et expirations pour apaiser votre mental et détendre votre corps.

Expirez à fond en contractant les muscles abdominaux, pour faire sortir autant d'air que possible des poumons. Inspirez lentement en comptant jusqu'à 7 et en laissant l'abdomen se détendre et se dilater pour faire de la place au diaphragme qui descend.

Sentez vos poumons se remplir complètement d'air. Retenez votre souffle en comptant jusqu'à 2. Expirez lentement en comptant jusqu'à 7 en vidant vos poumons. Pour finir, contractez de nouveau les muscles de votre abdomen pour faire sortir autant d'air usé que possible. Restez ainsi en comptant jusqu'à 2 avant d'inspirer de nouveau.

Quand vous vous êtes familiarisé avec cette technique, essayez de noter l'effet qu'elle a sur votre chakra sacré et sur vos muscles abdominaux.

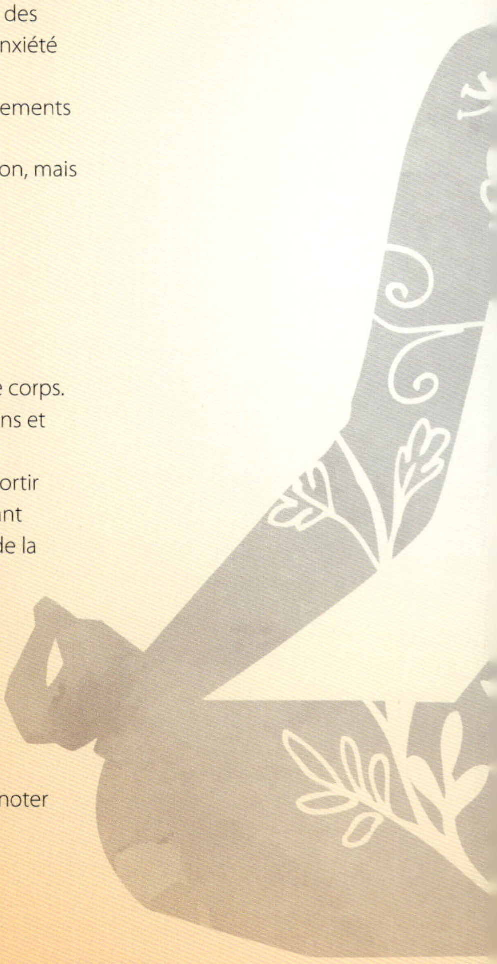

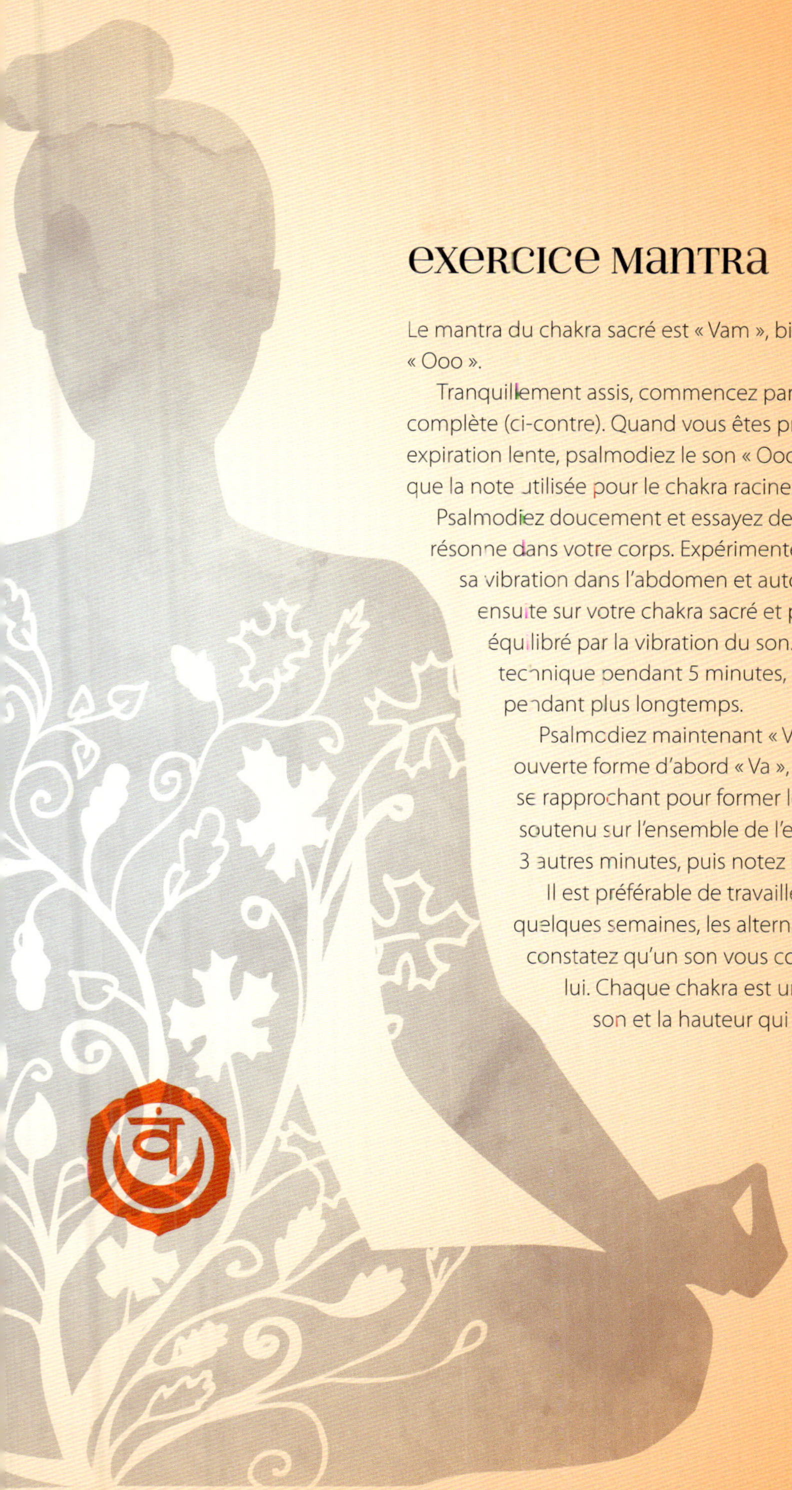

exercice mantra

Le mantra du chakra sacré est « Vam », bien qu'on puisse aussi utiliser le son « Ooo ».

Tranquillement assis, commencez par quelques séries de respiration complète (ci-contre). Quand vous êtes prêt, inspirez à fond puis, sur une expiration lente, psalmodiez le son « Ooo », si possible en ré, un ton plus haut que la note utilisée pour le chakra racine.

Psalmodiez doucement et essayez de percevoir l'endroit où le son résonne dans votre corps. Expérimentez avec sa hauteur jusqu'à ressentir sa vibration dans l'abdomen et autour de celui-ci. Concentrez-vous ensuite sur votre chakra sacré et projetez-y le son. Percevez ce chakra équilibré par la vibration du son. Pour commencer, pratiquez cette technique pendant 5 minutes, puis en acquérant de l'expérience, pendant plus longtemps.

Psalmodiez maintenant « Vam ». La bouche légèrement ouverte forme d'abord « Va », puis se ferme peu à peu, les lèvres se rapprochant pour former le « m » final – Vammm. Le son est soutenu sur l'ensemble de l'expiration. Continuez pendant 2 à 3 autres minutes, puis notez lequel des deux sons a le plus d'effet.

Il est préférable de travailler avec les deux sons pendant quelques semaines, les alternant à chaque séance. Si vous constatez qu'un son vous convient mieux, concentrez-vous sur lui. Chaque chakra est unique; expérimentez pour trouver le son et la hauteur qui vous conviennent le mieux.

Travailler avec le yantra

Le yantra du Svadhisthana est un cercle gris bleuâtre renfermant un croissant de lune blanc. Confortablement assis à l'endroit de votre choix, positionnez le diagramme du yantra (ci-dessous) de façon à le voir sans effort. Commencez en fixant du regard le cercle bleu. Le cercle symbolise la protection, le bleu est la couleur de la paix et de la relaxation. Le croissant de lune représente l'élément eau, qui compte pour deux tiers du poids corporel. L'eau est associée aux émotions, à la sensualité, aux attachements, à la réaction à la douleur et au plaisir.

De la solidité du yantra du chakra racine, on passe à l'élargissement et au mouvement du chakra sacré. Ce mouvement se rapporte aux émotions, à l'élément eau et à la lune. La lune est l'énergie féminine, complémentaire de l'énergie masculine du soleil. Ses phases influencent le cycle menstruel et gouvernent le flux et le reflux des marées.

Chez beaucoup de femmes, ce chakra fonctionne mal de par les siècles d'endoctrinement religieux et d'oppression de la gent féminine. Régulièrement effectués, les exercices de ce chapitre vous aideront à éliminer ces blocages. Cependant, pour ne pas perdre le sens de l'équilibre, vous devez établir d'abord la base solide du chakra racine.

Exercice. Imaginez que vous êtes assis dans le cercle du yantra, qui vous protège et crée une atmosphère sereine et paisible. En portant le regard vers le centre du cercle, concentrez-vous sur le croissant de lune qui symbolise l'eau.

L'eau, dépourvue de forme, prend celle du récipient qui la contient. Si elle n'est pas entravée, elle circule librement. En cas de blocage, la pression accumulée finira par détruire l'obstacle, permettant à l'eau de circuler de nouveau librement. Sur le plan individuel, cet obstacle représente les émotions réprimées qui entravent la circulation naturelle de l'énergie, débouchant sur une accumulation de tension qui, si elle n'est pas éliminée, se manifestera sous la forme d'une maladie physique ou psychique, vraisemblablement capable de détraquer le corps physique. Les larmes libèrent, entre autres, cette tension, manière naturelle de s'en débarrasser.

Quand l'eau circule librement, elle est en un état constant de changement. Les blocages du chakra sacré sont fréquemment causés par le fait de se cramponner aux idées dépassées, aux concepts obsolètes, au conditionnement qu'on aurait dû abandonner il y a longtemps. L'écroulement des routines quotidiennes et des modes de vie connus suscite peur et insécurité. Cette peur affecte les glandes surrénales associées à ce chakra, qui produiront trop d'adrénaline, induisant ainsi un état de tension excessive.

En réfléchissant à ce yantra, regardez-vous. Identifiez les facteurs qui empêchent votre croissance spirituelle et évaluez-les. Ces facteurs peuvent être liés aux relations, à la vie familiale, à la carrière professionnelle, aux idées inculquées par votre éducation qui ne correspondent plus à votre état de conscience actuel. L'examen et l'acceptation de votre sexualité font aussi partie du processus, même s'il est parfois difficile d'en parler ouvertement.

En contemplant ce yantra, plongez-vous en votre tréfonds pour identifier les blocages qui vous empêchent de passer à un nouvel état de conscience. Si la peur est présente dans votre vie, essayez de l'affronter afin de la surmonter, car elle est votre pire ennemi. La peur vous enveloppe d'obscurité, empêchant la lumière de la vérité et de la compréhension d'atteindre votre moi.

Quand on travaille sur soi-même, il est vital d'être honnête. Se duper soi-même à penser qu'on n'a aucun problème ou qu'on ne connaît aucune peur, c'est s'éloigner de la vie et de la joie de la liberté.

Pour terminer cet exercice, pratiquez la respiration rythmique de 5 à 10 minutes. Réfléchissez à toutes les questions mises en évidence et à la manière de les résoudre. Parfois, l'aide d'un thérapeute s'avérera utile.

ड
ढं
थं
दं
धं
तं
पं
फं
रं

LE CHAKRA DU PLEXUS SOLAIRE

Manipura

Le nom sanscrit de ce chakra est *Manipura*, « le joyau du nombril ». Régi par le soleil, il est lié à l'élément feu et au sens de la vue. Ce chakra est le centre de la digestion. En raison de la chaleur générée par le processus de digestion, les Chinois le désignent par le terme « Triple Réchauffeur ». La création de cette flamme intérieure fournit l'énergie nécessaire au maintien de la vie. Quand la flamme est correctement entretenue par une alimentation équilibrée et nourrissante, la santé sera bonne, les niveaux énergétiques, conséquents. Si la flamme est incorrectement entretenue, l'énergie s'épuisera et une maladie sera susceptible de se déclarer.

MANIPURA

मणिपूर चक्र

SIGNIFICATION
Le joyau du nombril

DÉITÉS ASSOCIÉES
Rudra, Lakini, Vahini

ÉLÉMENT
Feu

COULEUR
Jaune

MANTRA
Ram

Manipura est associé au moi et au corps émotionnel ou astral. Il réagit par conséquent aux pensées se rapportant à l'inquiétude, à l'anxiété et à la peur. Chez la plupart des gens, ce chakra est sans cesse déséquilibré par leur agitation émotionnelle et leur matérialisme.

Grâce à ce chakra, on peut percevoir les pensées et les émotions des autres ; les personnes à l'énergie insuffisante sont ainsi susceptibles d'absorber, sciemment ou non, l'énergie des personnes avec lesquelles elles viennent en contact. Les médiums et autres guérisseurs doivent donc protéger leur chakra du plexus solaire.

Ce chakra est représenté par un cercle à dix pétales jaunes sur lesquels sont inscrites les lettres sanscrites *da, dha, na, ta, tha, da, dha, na, pa* et *pha*, représentant l'ignorance spirituelle, la soif, la jalousie, la trahison, la honte, la peur, le dégoût, l'illusion et la tristesse.

À l'intérieur du cercle, le triangle rouge encadré de deux swastikas évoque l'élément feu. Le swastika est un symbole des plus anciens et des plus complexes. Ici, il représente Agni, le dieu du feu, ainsi que l'association du feu avec la vie et le mouvement.

Le Hara (« ventre » en japonais) est lié au chakra du plexus solaire et au chakra sacré. Il se trouve à trois doigts de largeur en dessous du nombril, près du chakra sacré où s'embrase le feu d'Agni. Pour la médecine orientale, le Hara est le point d'origine du *ki*, l'énergie vitale, et de l'ensemble du système de méridiens distribuant celui-ci dans le corps. C'est là que prend place la digestion fournissant au corps chaleur et énergie. La médecine orientale prône que la bonne santé est liée à un Hara fort.

C'est le centre de pouvoir, concept reposant sur l'idée que tous les *nadis* majeurs partent du nombril. La peur qui pousse à se retirer dans sa coquille naît au nombril. Pour briser ce cycle de peur et de repli, on doit apprendre à aimer tous les aspects de sa personnalité, se pardonner ses erreurs passées et réserver du temps aux choses qu'on aime. Si on n'a pas travaillé sur ses passions et ses plaisirs et si on n'est pas ancré (attributs des deux chakras en dessous), ce chakra est difficile à activer.

Rudra

Rudra et sa shakti, Lakini, sont les deux principales déités du Manipura chakra. Rudra (ci-contre), dieu védique des tempêtes, montre un curieux mélange d'attributs effrayants et bénéfiques. En même temps prince des démons et extraordinaire archer dont les flèches envoient les hommes et les bêtes dans le monde des esprits, il est aussi le médecin divin et le seigneur du bétail, qui apporte la pluie bénéfique.

Nombre de ses attributs ont été par la suite rattachés à Shiva, particulièrement sous sa forme de destructeur. Ici, Rudra montre souvent le taureau Nandi, le véhicule de Shiva, servant par ailleurs aussi à Agni. Rudra est représenté avec trois yeux. Ses mains forment des mûdras, gestes symboliques bénissant et dissipant la peur.

Souvent, Rudra a une peau rougeâtre, même si ici il a l'air vieilli et pâle à cause des cendres qui le couvrent. Les cendres rappellent le besoin de transformer dans le feu de la purification toute peur et égoïsme centrés ici, afin que les énergies renouvelées puissent monter jusqu'au chakra du cœur. On est aussi invité à contempler la réalité de la mort, le portail à travers lequel tous les gens doivent passer lorsque leur moi éternel retourne dans le monde spirituel et leur corps physique, à la poussière et aux cendres à partir desquelles il a été façonné.

Une autre forme de mort à laquelle on doit penser lorsqu'on travaille avec ce chakra, c'est l'abandon du moi physique. Autrement dit, on doit apprendre à placer les aspects matériels et physiques de la vie après les besoins spirituels et émotionnels, chose importante si l'on veut identifier son moi éternel, son origine et l'objet de sa présente incarnation. C'est le but suprême du travail avec les chakras, du yoga et de toutes les grandes religions.

Lakini

La déesse Lakini (page 48, à gauche) est assise près de Rudra, sur une fleur de lotus rouge. Elle est représentée avec trois têtes, chacune munie de trois yeux, et avec quatre bras. Ses trois têtes invitent à devenir conscients des plans physique, astral et céleste. L'une de ses mains tient la foudre, symbole de l'énergie électrique du feu et de la chaleur physique réputée rayonner de son corps. Une autre tient le *sakti*, arme ardente. Ses deux autres mains forment les mûdras qui apaisent les peurs et bénissent. Traditionnellement tenue pour être gourmande de viande, sa poitrine est rougie par le sang et la graisse qui dégoulinent de sa bouche.

Vahini

Vahini, dieu de la nature, apparaît lui aussi souvent à l'intérieur du triangle de Manipura chakra. Installé sur le dos d'un bélier, son corps rouge vif a quatre bras. Ses mains tiennent un rosaire et une lance, et font les mûdras bénissant et dissipant la peur. Vahini est lié à l'élément feu et au mantra « Ram ». Le bélier se rapporte au feu sacré et à Agni.

Stimuler Manipura

Parmi les parties du corps influencées par ce chakra on trouve la peau, les organes digestifs, l'estomac, le duodénum, le pancréas, le foie, les glandes endocrines et les îlots de Langerhans, responsables de la production d'insuline dans le pancréas. La puissance et la faiblesse sont les forces opposées de ce chakra. Les exercices suivants aideront à se familiariser avec ce chakra et ses énergies.

ÉNERGIE ÉQUILIBRÉE

Le respect de soi et des autres sont présents, vous êtes ouvert, joyeux, détendu, spontané, désinvolte, chaleureux. Vous aimez l'activité physique et la bonne chère.

ÉNERGIE SURABONDANTE

L'énergie surabondante (chakra qui tourne trop vite) peut vous pousser à vous ériger en juge, fait de vous un bourreau de travail, perfectionniste, que l'autorité froisse.

ÉNERGIE INSUFFISANTE

L'énergie insuffisante (chakra qui tourne trop lentement) est susceptible de vous laisser déprimé, mal assuré et manquant de confiance en vous. Si vous êtes seul, vous risquez d'avoir peur et une mauvaise digestion.

TROUBLES PHYSIQUES

Parmi les affections physiques susceptibles de résulter d'un déséquilibre dans ce chakra, on trouve : raideur musculaire, tension nerveuse, troubles gastriques et digestifs, douleur du bas du dos, diabète, hypoglycémie, problèmes hépatiques, faible vitalité, fièvres.

CI-CONTRE. Ce chakra est situé juste au-dessus du nombril, à l'emplacement du plexus épigastrique.

activer manipura sur le corps

Pour commencer, devenez conscient du bout de votre nez et percevez l'air entrant et sortant par vos narines – cela apaisera le mental et relaxera le corps. Imaginez que vous êtes assis dans la campagne, sous un ciel sans nuages, caressé par la chaleur du soleil. Laissez sa lumière vous stimuler et vous nourrir.

En vous concentrant sur le plexus solaire, contemplez l'aspect spirituel de la lumière centrée là. Le soleil symbolise le pouvoir cosmique suprême, présent dans tout un chacun, auquel on tente de se connecter en travaillant avec les chakras. En atteignant l'éveil, on se confond avec ce pouvoir cosmique. Imaginez une boule dorée de lumière solaire remplir votre plexus solaire et visualisez ses rayons insufflant de l'énergie à l'ensemble de votre corps. Si vous ressentez une quelconque douleur, laissez la lumière dorée pénétrer le point concerné.

Pour achever cette visualisation, contemplez l'objectif de ce voyage spirituel et vos sensations actuelles.

Activer Manipura sur les mains et les pieds

En partant du pied droit ou de la main droite, posez un doigt sur le point du chakra. En exerçant une pression moyenne, faites-le tourner lentement dessus, dans le sens des aiguilles d'une montre, pendant environ 30 secondes.

En appuyant toujours, mais sans bouger, visualisez de 1 à 2 minutes le jaune foncé des pétales extérieurs d'une jonquille éclairant votre doigt et le traversant pour pénétrer dans le point du chakra. Répétez sur l'autre pied ou sur l'autre main.

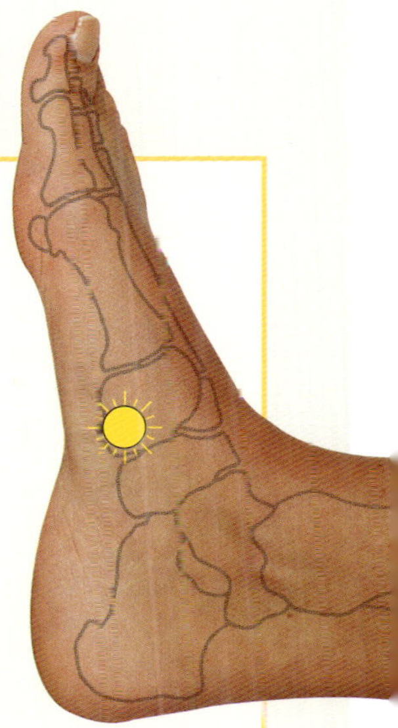

Sur les pieds, Manipura est situé sur l'os cunéiforme, au niveau de son articulation avec l'os naviculaire.

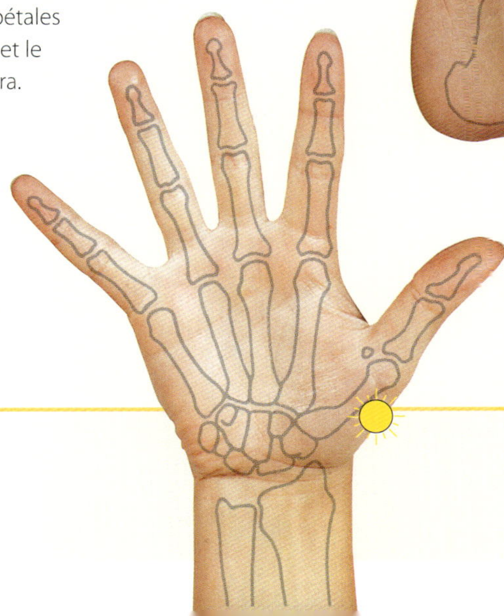

Sur les mains, Manipura se trouve le long du métacarpe, au niveau des réflexes spinaux.

L'élément feu

Le feu offre de la lumière, produit de la chaleur, détruit, transforme et sert de symbole dans de nombreuses traditions. Le « baptême du feu » est censé rétablir la pureté primordiale en brûlant les scories. Allumer un feu équivaut à la naissance et à la résurrection. Les torches brandies aux mariages et lors des rituels de fertilité évoquent le pouvoir générateur du feu.

Pour les bouddhistes, le feu est la sagesse qui brûle l'ignorance. Pour les chrétiens, « les langues de feu » sont l'avènement de la voix de Dieu et de la révélation divine. Pour l'hindouisme, le feu symbolise la lumière et le savoir transcendantaux et est assimilé aux forces de destruction, de délivrance et de nouvelle création maniées par le dieu Shiva. L'anneau de flamme qui entoure Shiva sur certaines de ses représentations en un symbole du cycle cosmique de création et de destruction.

Le dieu hindou du feu, Agni, est en même temps la pluie apportant l'énergie de l'éclair et le feu du foyer. Les flammes sont représentées par ses dents dorées, sa langue acérée et sa chevelure ébouriffée. Il chevauche le bouc solaire et tient une hache, un éventail et un soufflet. L'aspect effrayant du feu est symbolisé par Kâlî, décrite d'habitude comme un affreux personnage noir ou rouge aux longues canines et à la bouche d'où sortent des langues de feu.

Exercice. Imaginez-vous assis devant un feu de camp dans la forêt, sous un clair de lune. Le silence n'est brisé que par les craquements du bois qui se laisse transformer en lumière et en chaleur par les flammes. À mesure que le feu éclaire les arbres qui vous entourent, leurs images fantomatiques tremblent et changent de forme en suivant la danse des flammes.

Le feu transformateur crée de l'espace pour que de nouvelles choses entrent dans votre vie. Pour accomplir votre voyage spirituel, vous devez traverser votre propre feu purificateur, en vue d'éliminer ce qui entrave votre progression.

Commencez par examiner vos sentiments. Quand vous découvrez de la négativité, des blessures, des douleurs ou des attachements obsolètes, imaginez-vous les inscrire sur une feuille de papier. Dressez ensuite la liste de vos pensées négatives et vos modèles de pensée dépassés, reposant sur le conditionnement. Pour finir, penchez-vous sur vos activités physiques, sur votre travail, sur l'endroit où vous vivez, et réfléchissez aux changements nécessaires. Lisez ensuite votre liste imaginaire et vérifiez que rien n'a été oublié ou que vous n'hésitez pas à abandonner des choses. Quand l'image de vous-même vous semble juste, jetez le papier dans le feu pour brûler tous les déchets encombrant votre vie.

Si vous disposez d'un vrai feu, dressez réellement votre liste et regardez-la brûler.

Couleur et visualisation

Le jaune est la couleur dominante du chakra du plexus solaire, lié au mental et à l'intellect. Les rayons jaunes véhiculent des courants magnétiques positifs, en même temps inspirants et stimulants. Ils fortifient les nerfs et stimulent l'esprit : le jaune convient pour décorer un bureau.

Sur le plan physique, le jaune améliore la texture de la peau et est susceptible de favoriser la guérison du tissu cicatriciel et de certaines affections cutanées, comme l'eczéma. C'est aussi une couleur utile pour le rhumatisme et l'arthrite.

Pour stimuler la couleur d'un chakra grâce à la nourriture, il faut consommer un aliment de la couleur opposée dans le spectre des couleurs. Par exemple, un aliment jaune absorbera l'éclat de toutes les couleurs du spectre, à l'exception de la sienne. Donc, pour travailler avec le jaune du Manipura chakra, on doit consommer des aliments violets. En règle générale, pour travailler avec le rouge, l'orange ou le jaune des trois chakras en dessous de lui, on doit manger des aliments violets, bleus ou indigo. Pour travailler avec les trois chakras au-dessus de lui, on doit consommer des aliments rouges, orange ou jaunes.

À GAUCHE. Le jaune, la couleur associée au chakra du plexus solaire, influence positivement l'esprit et l'intellect. L'utilisation de la belle image d'un tournesol (ci-contre) lors de la visualisation sera bénéfique pour les émotions.

Visualisation avec le jaune

Avant de débuter cette visualisation, relisez les pages consacrées au symbolisme du plexus solaire (pages 48 à 51), puis contemplez l'image d'un tournesol. Observez la forme et la couleur des pétales, la teinte des étamines.

Quand vous êtes prêt, fermez les yeux et portez l'image du tournesol à votre plexus solaire. Ses pétales sont caractéristiques de ceux entourant le chakra du plexus solaire. Déplacez votre regard de l'éclat des pétales du tournesol à la teinte un peu plus foncée de ses étamines, qui crée un espace vous permettant de contempler ce que vous évoque l'image de ce chakra. Pensez à l'élément feu et à la chaleur générée par la digestion, qui aide à maintenir la température du corps. Pensez à la valeur nutritive de votre alimentation et à des moyens de l'équilibrer davantage.

Le chakra du plexus solaire est le centre des émotions. Pour entretenir son équilibre, il faut être émotionnellement pondéré et maîtriser ses sentiments. Si on veut suivre sa voie spirituelle, on doit surmonter ses peurs.

En contemplant le tournesol, réfléchissez à l'autre concept représenté par ce chakra : la mort – du corps physique et du moi. Une peur morbide de la mort est présente dans beaucoup de sociétés occidentales où la mort a été séparée de la vie. Dans d'autres cultures, la mort est un moment de grande réjouissance, car l'âme quitte le corps physique pour retourner dans le monde spirituel. Ce chakra incite à examiner ses sentiments quant à la mort.

Contempler l'abandon du moi conduit à comprendre qu'on n'est qu'un infime élément du motif merveilleux de la vie. Cette compréhension fera disparaître toute haute opinion quant à soi-même. Dans l'état de conscience actuel, on n'aperçoit qu'un fragment du tableau de la vie mais partager ce savoir limité avec d'autres âmes de même sensibilité permettra de développer la prise de conscience, la sienne et celle des autres. Plus on apprend sur la vie, plus on se rend compte qu'on ne sait pas grand-chose.

Quand vous êtes prêt, passez du centre de la fleur à la lumière jaune des pétales. Sur chaque inspiration, dirigez cette lumière jaune clair vers le chakra, jusqu'à ce qu'il ressemble à une boule rougeoyante d'énergie dorée.

asanas stimulantes

Les postures yoga suivantes conviennent au Manipura. En pratiquant ces *asanas*, essayez de suivre les indications ci-dessous.

Pour Purvottanasana, placez les pieds à plat sur le sol. Au début, vous ne pourrez maintenir cette posture exigeante que quelques secondes. Pour Ustrasana, il est important de garder les hanches en ligne avec les genoux. Pratiquez face à un mur, que vos cuisses touchent si la posture est correcte. Pour Uttana Mayurasana, assurez-vous que vos coudes sont alignés avec vos épaules.

En assumant une posture, continuez à respirer normalement. Concentrez-vous sur le chakra du plexus solaire et, sur chaque inspiration, visualisez un rayon de lumière jaune monter à travers vos pieds jusqu'à ce chakra, pour le fortifier et le raviver. Maintenez la posture avec cette visualisation aussi longtemps que vous y arrivez sans effort. Quittez la posture sur l'expiration, puis allongez-vous sur le sol et relaxez-vous, avant de passer à une nouvelle posture.

Bénéfices. **Cette posture fortifie les poignets et les chevilles et agit sur les articulations des épaules. Elle dilate la poitrine et aide à atténuer les problèmes bénins des hanches.**

Purvottanasana *étirement intense du corps*

1 Asseyez-vous sur le sol, jambes tendues devant vous. Placez les paumes sur le sol près des hanches, doigts dirigés vers les pieds.

2 Fléchissez les genoux et placez la plante des pieds sur le sol. Sur l'expiration, élevez votre corps du sol en vous soutenant sur les mains et les pieds.

3 Tendez les jambes et levez les fesses aussi loin du sol que possible. Les bras restent tendus.

4 La tête se penche en arrière. Maintenez cette posture aussi longtemps que vous le pouvez, en vous concentrant sur votre chakra du plexus solaire et sur la couleur jaune.

USTRASANA *le chameau*

1 Agenouillez-vous sur le sol, genoux et pieds joints.

2 Sur l'expiration, placez la main droite derrière vous, sur votre talon droit, la main gauche, sur votre talon gauche.

3 Sur l'inspiration suivante, portez la tête en arrière, appuyez les mains sur vos pieds et arquez le torse. Si vous avez du mal à amener les hanches en ligne avec les genoux, recroquevillez les orteils et placez un coussin entre vos mains et vos talons. En devenant plus souple, abandonnez le coussin et placez les pieds à plat sur le sol.

4 Quand vous êtes prêt à quitter cette posture, relâchez les mains, asseyez-vous sur vos jambes et détendez-vous.

Bénéfices. Cette posture étire et tonifie l'ensemble de la colonne vertébrale, la rendant souple. Elle travaille aussi sur les organes et les muscles abdominaux et sur les articulations des épaules.

UTTANA MAYURASANA *le pont*

1 Allongez-vous à plat sur le sol, genoux fléchis pour que la plante des pieds soit en ligne avec les fesses.

2 Sur l'inspiration, élevez le torse du sol, en soutenant votre dos de vos paumes.

3 Les mains et les coudes doivent être sur une ligne. Gardez les épaules sur le sol, cou tendu, et joignez les genoux.

4 Maintenez la posture tant que vous êtes à l'aise, vous concentrant sur Manipura et la couleur jaune. Si vous avez du mal, placez un bloc en bois ou un livre épais sous votre bas du dos (zone lombaire) et positionnez les bras sur les côtés de la partie élevée du corps. Pratiquez jusqu'à ce que vos bras deviennent assez forts pour soutenir votre corps.

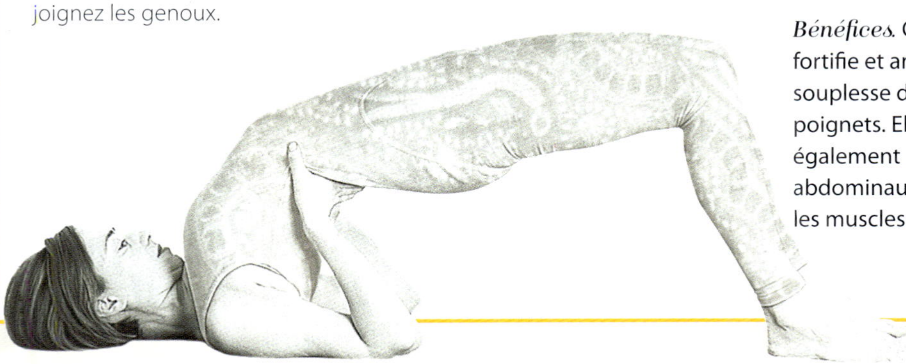

Bénéfices. Cette posture fortifie et améliore la souplesse du dos et des poignets. Elle tonifie également les organes abdominaux et fait travailler les muscles des cuisses.

Respiration et son

Avant de travailler avec le yantra présenté aux pages 62 et 63, il est préférable de débarrasser le Manipura chakra des émotions indésirables : peur, inquiétude, anxiété, haine, colère, jalousie, envie, mélancolie, excitation, chagrin.

Pour débuter ce processus, essayez de détecter en vous la présence de ces émotions négatives. Les supprimer ou les ignorer, par culpabilité ou parce qu'elles sont trop douloureuses, risque de nuire à la santé, spécialement si elles sont enfouies dans l'inconscient. En dernière analyse, on doit les mettre au jour et les traiter afin de débarrasser le chakra de l'énergie stagnante. Pratiqués régulièrement, les exercices de respiration suivants sont très utiles.

Purifier le plexus solaire

Concentrez-vous sur votre plexus solaire et travaillez de 2 à 3 minutes avec la respiration rythmique (voir pages 28-29).

Sur l'expiration, envoyez à toute négativité présente dans votre plexus solaire une commande mentale forte et décidée : « Sors ! ». Visualisez toute émotion indésirable s'en aller sur l'expiration.

Répétez de 7 à 10 fois avant de vérifier si une émotion indésirable a pu subsister. Si nécessaire, répétez l'exercice. Faites suivre cet exercice par la respiration nettoyante décrite ci-dessous.

La respiration nettoyante

Cet exercice nettoiera et ventilera vos poumons, stimulera les cellules associées et améliorera l'état général de l'appareil respiratoire. Il est très bénéfique quand vous êtes fatigué et avez épuisé votre énergie.

Expirez à fond pour débarrasser vos poumons du bioxyde de carbone et de tout autre déchet. Inspirez lentement et complètement. Avancez les lèvres sans gonfler les joues, comme pour siffler, puis expirez avec grande force un petit volume d'air.

Retenez l'air restant pendant un moment avant d'expirer un peu plus. Répétez jusqu'à ce que tout l'air sorte de vos poumons.

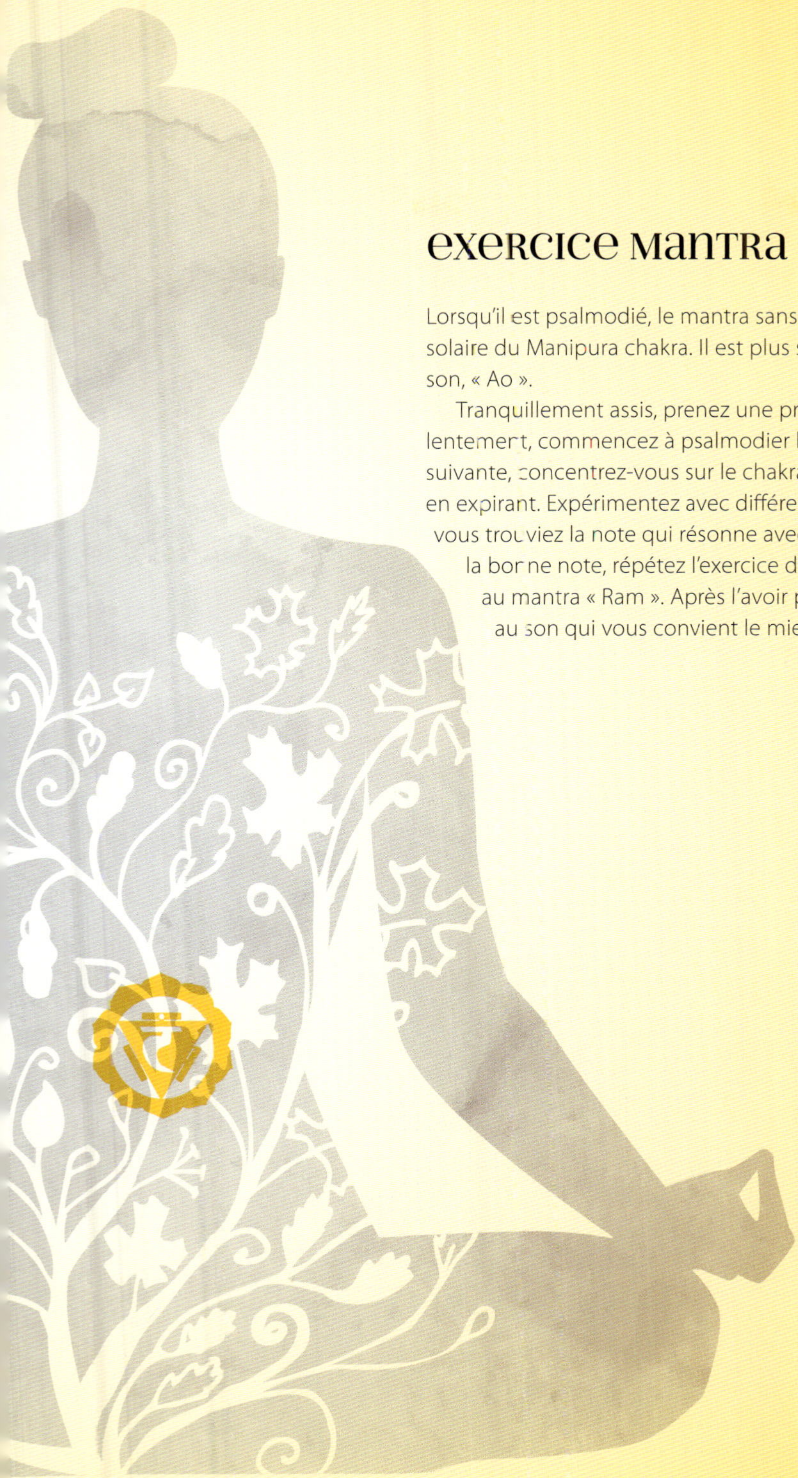

Exercice mantra

Lorsqu'il est psalmodié, le mantra sanscrit « Ram » est censé raviver l'énergie solaire du Manipura chakra. Il est plus simple de commencer par un autre son, « Ao ».

Tranquillement assis, prenez une profonde respiration et, en expirant lentement, commencez à psalmodier le son « Ao ». Sur l'inspiration suivante, concentrez-vous sur le chakra du plexus solaire. Répétez ce son en expirant. Expérimentez avec différentes hauteurs du son jusqu'à ce que vous trouviez la note qui résonne avec ce chakra. Quand vous avez trouvé la bonne note, répétez l'exercice de 10 à 15 autres fois. Passez ensuite au mantra « Ram ». Après l'avoir psalmodié de 10 à 15 fois, réfléchissez au son qui vous convient le mieux.

Travailler avec le yantra

Le yantra pour ce chakra est soit le swastika, soit le triangle pointe vers le bas. Le swastika est l'un des plus anciens et des plus complexes symboles, très utilisé par les bouddhistes et les dévots de Vishnu. On ne connaît pas son symbolisme précis, mais de nombreuses interprétations ont été proposées. Il accompagne les dieux et les déesses, mais est surtout associé aux symboles solaires et génératifs tels que le lion, le bouc, le cerf, le cheval, les oiseaux et le lotus.

Le swastika est la croix à branches coudées de l'Inde et son signe des Poissons. Pour l'hindouisme, c'est le symbole du dieu du feu Agni, tout en étant associé à Brahmâ, à Surya, à Vishnu et à Ganesha l'éclaireur, dieu des carrefours.

Le triangle du swastika symbolise la loi de l'équilibre et équivaut géométriquement au nombre trois. Pour le christianisme, il représente la Trinité du père, du fils et du Saint-Esprit. Pour l'hindouisme, il est Brahmâ le créateur, Vishnu le conservateur et Shiva le destructeur. Chez l'homme, il est le corps, le mental et l'esprit. Dans sa forme tridimensionnelle, il devient le tétraèdre, solide platonicien symbolisant le feu. Le triangle pointe vers le haut représente le soleil et l'énergie masculine, le triangle pointe vers le bas, la lune et l'énergie féminine. La visualisation vous permettra de maîtriser le pouvoir de ce chakra.

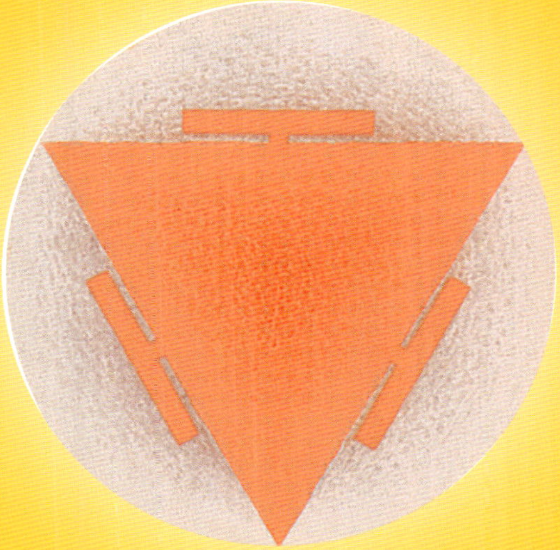

Exercice. Le feu, élément lié à ce chakra, éclaire, produit de la chaleur, transforme et est donc essentiel à la vie. Là, il est symbolisé par le triangle pointe vers le bas.

Sur le plan spirituel, il y a deux types de feu : le premier est le feu de la terre, le feu des bas désirs, qui dévore et réduit en cendres tout ce qu'il touche. On l'appelle parfois « feu de la passion ». Si on n'est pas prêt à abandonner ses désirs, il peut infliger de grandes souffrances. Le second est le feu céleste du soleil, le feu sacré de l'amour divin qui permet de se transformer en un être spirituel, rayonnant.

Placez le yantra là où vous pouvez le voir aisément, allumez une bougie et posez-la sur une table ou sur le sol, devant vous. En contemplant la flamme de la bougie, réfléchissez à ces deux types de feu. Le premier, le feu de la passion, repose sur le matérialisme ou est allumé par une grande envie de découvrir qui on est réellement et quel est le véritable but de sa vie terrestre. S'il repose sur le matérialisme et les désirs égoïstes, ceux-ci devront être transformés en traversant le feu purificateur divin et en visualisant tout attribut négatif consumé par les flammes. Pour réussir à travailler avec succès avec le chakra du cœur suivant, on doit transcender les trois chakras situés en dessous de lui. Le travail avec le pouvoir transformateur du feu fait partie de ce processus.

En fixant toujours la flamme de la bougie, pensez à votre flamme intérieure, miroir de votre vie spirituelle et de votre travail spirituel. La force de cette flamme reflète votre croissance spirituelle au fil de vos nombreuses incarnations. Si la flamme est forte, elle résistera aux innombrables défis qui vous sont présentés, mais si elle est faible, elle risque de s'éteindre sous les orages de la vie. Chaque réincarnation offrira des occasions de grandir, mais vous laissera aussi libre de les accepter ou de les refuser.

En déplaçant votre regard sur le yantra, imaginez-vous debout, à l'extérieur du cercle. Visualisez le triangle entouré par les flammes purificatrices célestes. Ces flammes jaunes, rouges et orange, incandescentes et vacillantes, vous invitent à les traverser. Si vous choisissez de le faire, leur lumière vous révélera ce qu'il faut transformer dans votre vie pour faire monter vos énergies jusqu'au chakra du cœur. À mesure que vous identifiez les changements à effectuer, réfléchissez aux moyens de les réaliser. Le processus risque d'être très douloureux, surtout si les changements menacent votre sécurité, mais n'oubliez pas qu'en dernière instance celle-ci doit venir de vous, pas de l'extérieur.

Pour finir, unissez l'une de ces flammes célestes à votre flamme intérieure. Nourrissez et entretenez cette flamme par la méditation et la contemplation quotidiennes.

कं
खं
गं
घं
ङं
चं
छं
जं
झं
ञं
टं
ठं
यं

Le chakra du cœur

Anahata

Le nom sanscrit de ce chakra est *Anahata*, « son sans vibration ». Le son est produit en frappant des objets l'un contre l'autre, ce qui génère des vibrations ou des ondes sonores. Le son Anahata, le son venant d'au-delà du monde matériel, le son primordial, est la source de tous les sons. Le chakra du cœur est un centre d'équilibre. Les trois chakras situés en dessous de lui sont surtout concernés par la nature instinctive ; les trois situés au-dessus de lui se rapportent à un état supérieur de conscience plus évolué.

Anahata

अनाहत् चक्र

Signification
Son sans vibration

Déités associées
Vayu, Ishu, Kakini

Élément
Air

Couleur
Vert

Mantra
Yam

Ce chakra est représenté par un cercle entouré de douze pétales verts, où sont inscrites en noir les lettres sanscrites *k, kh, g, gh, n, ch, chh, j, jh, n, t* et *th*. Les douze attributs associés à ce chakra sont la lascivité, l'infidélité, l'indécision, le repentir, l'espoir, l'anxiété, la nostalgie, l'impartialité, l'arrogance, l'incompétence, le discernement et la provocation.

À l'intérieur du cercle, on aperçoit l'hexagone bleu fumé formé par la superposition des triangles pointe vers le bas et pointe vers le haut. Le triangle pointe vers le bas, lié aux énergies terrestres, désigne la nature inférieure de l'homme ; le triangle pointe vers le haut, associé aux énergies spirituelles, représente la nature supérieure.

Les triangles superposés caractérisent l'union des contraires : « ce qui est en bas est comme ce qui est en haut ». Ils symbolisent le parfait équilibre des forces complémentaires et la nature androgyne de la seule vraie divinité, dont tous les dieux sont des incarnations. Le triangle pointe vers le haut est l'énergie solaire, le feu, le principe masculin. Le triangle pointe vers le bas est lié à la lune, à l'eau et au principe féminin.

La seconde polarité de ce chakra est celle qui existe entre la droite et la gauche. La droite est masculine et yang, la gauche est féminine et yin. Si on tirait une ligne verticale pour séparer le côté gauche du côté droit et une ligne horizontale pour séparer les trois chakras inférieurs des trois supérieurs, la croix ainsi formée symbolise tous les aspects du moi, intégrés dans le chakra du cœur grâce au pouvoir de l'amour inconditionnel.

Le dieu Vayu

Parfois, Vayu, dieu du vent et maître du mantra Yam, est représenté à l'intérieur de l'hexagone. Le corps couleur de fumée, souvent muni de quatre bras, Vayu tient un aiguillon et monte une antilope noire. L'antilope est connue pour sa rapidité et ses bonds – attributs qui la rattachent à l'élément air. L'antilope noire supposée tirer le char du soleil et le char de la lune est l'emblème de Shiva.

Shiva en tant qu'Ishu

Les autres déités de ce chakra sont Ishu et Kakini. Ishu est un avatar de Shiva. En tant qu'Ishu, Shiva est le seigneur suprême des trois chakras inférieurs. Il est souvent dépeint avec deux bras et trois yeux. Le troisième œil, situé au centre du front, est l'œil de sagesse. Ses mains forment des mûdras, un pour bénir, l'autre pour écarter la peur. Parfois vêtu d'habits soyeux, il arbore des clochettes à ses orteils et pléthore de joyaux autour du cou.

Seigneur de la danse

Shiva est aussi connu en tant que « Seigneur de la danse », titre approprié à ce chakra. Sa danse symbolise l'activité divine en tant que source du mouvement dans l'univers, particulièrement sous l'aspect des fonctions cosmiques de création, de conservation, de destruction, d'incarnation et de libération. Parfois, Shiva danse sur les lieux des crémations pour attirer les démons et les esprits attachés à la terre – réputés hanter ces endroits – afin d'anéantir ainsi leurs pouvoirs maléfiques. On le voit ainsi paré aux pages 64 et 65.

On peut comparer le chakra du cœur à un lieu de crémation où est consumé le moi, ainsi que l'ensemble de la négativité qui en découle. C'est aussi là que les aspects matériels des trois chakras inférieurs sont transformés dans le feu, afin que l'âme soit libre de s'identifier au Seigneur divin de la danse. À ce qu'on dit, le rythme suprême et parfait de la joie dynamique et triomphante qui suit cette purification est mieux exprimé par la danse que par des mots.

Kakini

La déesse Kakini (ci-contre) est représentée en jaune éclatant, arborant des bijoux en nombre. Elle a trois yeux, comme Ishu, et quatre bras. Dans deux de ses mains elle tient un collet et un crâne ; les deux autres mains forment le mûdra de la bénédiction et le mûdra qui dissipe la peur. Ayant bu le nectar qui jaillit du Soma chakra, elle est excitée et heureuse. Le crâne et le collet symbolisent le besoin d'abandonner le moi, l'ignorance et la vanité du monde, afin de participer à la danse sacrée de la vie.

Shiva et Shiva-linga

En plus des deux déités principales, on trouve au centre du cercle le principe féminin (shakti), représenté par un triangle rouge pointe vers le bas, comparable à dix millions d'éclairs. Incarné en lui, vêtu d'or et arborant la demi-lune sur sa tête, on trouve le principe masculin, Shiva-linga, appelé aussi Bana. En travaillant avec ce chakra, méditez sur la lumière dorée rayonnant du Shiva-linga.

Ananda-kanda

Juste en dessous d'Anahata chakra on trouve un chakra plus petit, l'Ananda-kanda, représenté par un cercle à huit pétales rouges. En son milieu il y a l'arbre de vie et un autel décoré de plusieurs joyaux précieux. Le moi divin est réputé demeurer sur cet autel. Là, on contemple notre divinité et la flamme universelle, et nous sommes entourés par un amour inconditionnel.

L'arbre de vie

L'arbre de vie symbolise la régénération, le retour a l'état primordial, le début et la fin d'un cycle. Pour le christianisme, il est aussi associé à Adam et à son expulsion du paradis. Le fruit de cet arbre est censé offrir l'immortalité.

Sa présence dans l'Ananda-Kanda chakra représente le début d'une nouvelle vie, d'une nouvelle façon de penser. Quand ce chakra est activé, la nature animale est dépassée et on demeure dans la joie de l'acceptation de son vrai moi.

Stimuler Anahata

Le chakra du cœur influence les poumons, le système respiratoire, le cœur, le système circulatoire, le système immunitaire, les glandes lymphatiques, en plus de contrôler le thymus. Ce chakra est lié à la strate mentale de l'aura. Sa polarité est la pensée, qui émerge et s'estompe. En transcendant cette polarité, on transcende le mental et on se connecte à l'amour divin, inconditionnel. Effectuez les exercices suivants pour vous familiariser avec le chakra et ses énergies.

ÉNERGIE ÉQUILIBRÉE

Quand les énergies de ce chakra sont équilibrées, elles génèrent compassion, désir de s'occuper d'autrui et intérêt pour l'amour absolu. Cela rend ouvert et amical et met en contact avec ses propres sentiments.

ÉNERGIE SURABONDANTE

L'énergie surabondante (chakra qui tourne trop vite) rend exigeant, trop critique, possessif, lunatique, déprimé et enclin à poser des conditions en amour.

ÉNERGIE INSUFFISANTE

L'énergie insuffisante (chakra qui tourne trop lentement) suscite paranoïa, indécision, envie de se cramponner aux objets ou aux personnes, peur du rejet et besoin d'être constamment rassuré.

TROUBLES PHYSIQUES

Parmi les affections physiques associées à Anahata, on trouve : hypertension, maladies cardiaques, affections pulmonaires et asthme.

CI-CONTRE. Ce chakra est situé près de la cinquième vertèbre thoracique ; il est connecté à l'élément air et au sens du toucher.

ACTIVER ANAHATA SUR LE CORPS

Imaginez-vous assis en forêt, dos contre un arbre. Observez les branches entrelacées de l'arbre, comme la voûte d'une cathédrale vivante.

Les rayons du soleil filtrant à travers les feuilles dessinent sur le sol des motifs dans des teintes variées de vert. Les feuilles tombées depuis peu montrent un vert vif, d'autres, le vert fané de la décomposition. Inspirez le vert vif des feuilles et, en expirant, conduisez cette couleur au chakra du cœur, pour le nourrir et le purifier. Soyez conscient de la disparition de toute douleur émotionnelle, signe que ce chakra est purifié en préparation au travail avec le chakra de la gorge. Continuez la visualisation jusqu'à ce que vous sentiez que le chakra du cœur est débarrassé des traumatismes anciens.

Activer Anahata sur les mains et les pieds

Localisez le chakra soit sur le pied droit, soit sur la main droite. Commencez en faisant tourner doucement un doigt sur ce point quelque 15 secondes.

En appuyant dessus, visualisez le doigt avec lequel vous travaillez rayonner et envoyer une lumière vert clair (couleur des jeunes feuilles) dans le point du chakra durant 15 à 20 autres secondes. Répétez ensuite sur le pied gauche ou la main gauche.

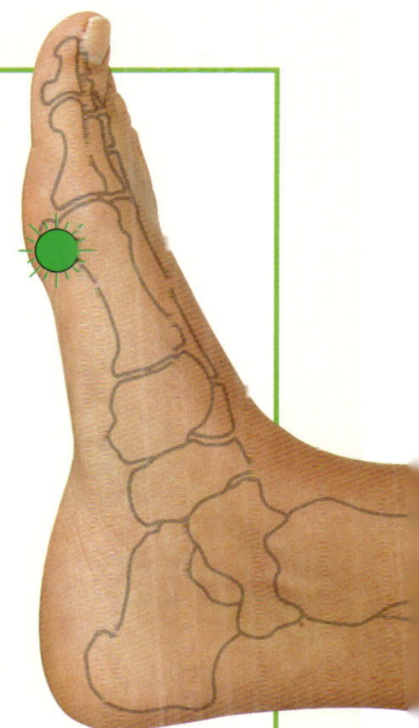

Sur le pied, Anahata est situé à l'articulation du premier métatarse avec la seconde phalange de l'orteil.

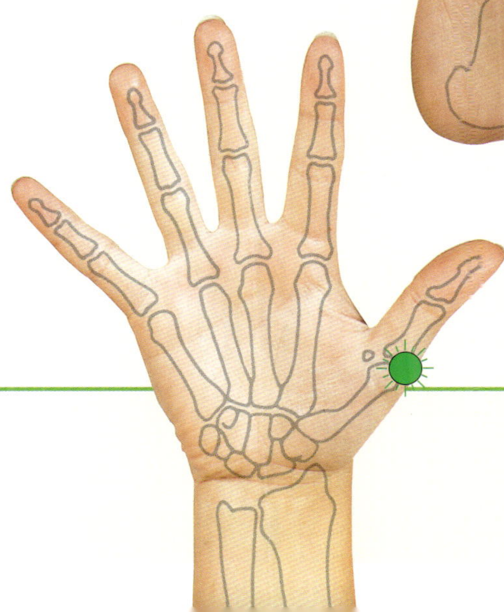

Sur la main, Anahata est situé à l'articulation de la seconde phalange du pouce avec le métacarpe.

L'élément air

À la différence de la terre, de l'eau et du feu, l'air est un élément invisible, mais pas inodore. L'air est essentiel pour la vie, car il renferme la force de vie fondamentale, le *prana*.

Lié à la respiration, aux poumons et au cœur, l'air arrive dans le corps *via* l'inspiration. Quand l'oxygène qu'il contient vient en contact avec le sang, un échange prend place : l'oxygène passe dans le sang, les déchets sont éliminés sur l'expiration. Le sang chargé en oxygène est ensuite transporté *via* les artères jusqu'au cœur, d'où il est pompé dans l'ensemble du corps.

La géométrie sacrée représente l'air par un octaèdre. Le huit est le nombre de la régénération, du renouvellement, de la renaissance et de la transition. Dans plusieurs traditions ésotériques, le huit est le nombre du paradis. Les quatre points cardinaux et les quatre points collatéraux formant l'octogone sont les huit vents et les huit portes permettant de passer d'un état à un autre.

La méditation ci-contre vous connecte à l'élément air et vous permet de percevoir son effet sur votre corps et votre mental.

Méditation. Visualisez-vous en train de traverser une plaine par un jour venteux d'automne. Sentez le vent ébouriffer vos cheveux et écoutez ses clameurs à travers les terres en friche. Au loin, vous apercevez une église nichée parmi des arbres. En vous dirigeant vers elle, regardez le vent emporter les quelques feuilles restées encore sur les branches.

En approchant de la vieille église, vous vous rendez compte qu'elle tremble sous les rafales de vent. En soulevant le loquet, vous ouvrez la porte et entrez. La fermeture de la porte estompe le bruit du vent, préservant une atmosphère paisible.

La petite église est très belle. Les vitraux jettent des reflets colorés sur le sol et les murs, habillant de teintes bariolées les vases de fleurs placées devant chaque fenêtre. Sur l'autel décoré de vert pour la saison de la Trinité, une croix est encadrée de trois bougies blanches.

Assis sur un banc, observez ce qui vous entoure et comparez le silence aux clameurs du vent. Réfléchissez à la façon de rapporter cette expérience à votre vie. Lorsqu'on est malmené par les tempêtes de la vie, c'est merveilleux de découvrir un lieu de repos et de calme où s'abriter à tout instant. Comme le vent, ce lieu ne peut pas être vu, uniquement perçu. On peut y retourner quand les épreuves de la vie semblent insurmontables.

Couleur et visualisation

Le vert se trouve au milieu du spectre des couleurs. C'est la couleur de l'équilibre, de l'harmonie et de la compassion, capable d'équilibrer les énergies négatives et positives. Couleur dominante du chakra du cœur, le vert contribue à mettre en équilibre les autres chakras, ainsi que le mental, le corps et l'esprit – les trois aspects du moi. Le vert de la nature induit un sentiment de paix et de détente.

Le chakra du cœur se rapporte à l'amour – sa couleur équilibre la capacité à donner de l'amour et à en recevoir. L'amour englobe une gamme étendue d'émotions, allant de la concupiscence et de l'excitation sexuelle sur le plan physique jusqu'à l'amour inconditionnel qui a le pouvoir d'inclure tout ce qu'il touche. Aimer quelqu'un sans condition, c'est l'accepter tel quel, avec ses qualités et ses défauts. L'amour inconditionnel ne porte pas de jugement et ne pose pas de conditions. Si vous constatez que vous avez tendance à juger les autres, vous ne vous connaissez pas aussi bien que vous le pensiez. Accepter vos propres erreurs vous aidera à accepter celles des autres.

À GAUCHE. Le vert, la couleur du chakra du cœur, est une couleur curative et équilibrante. Travailler avec cette couleur aide à équilibrer les trois chakras au-dessus de lui et les trois chakras en dessous de lui.

Visualisation avec le vert

Paisiblement assis, commencez cette visualisation par douze séries de respiration rythmique (décrite à la page 28), pour apaiser et concentrer votre mental.

Quand vous êtes prêt, concentrez-vous sur le chakra du cœur. Visualisez-le comme une fleur de lotus rose pâle posée dans une coupe de feuilles vertes. Rendez-vous au centre de la fleur : les rayons roses émanant des pétales de la fleur vous enferment dans une sphère d'amour inconditionnel. Depuis le centre de la fleur, votre regard se porte sur un tunnel de lumière verte généré par les reflets scintillant sur les feuilles.

En quittant le centre de la fleur, vous traversez le tunnel vert de lumière pour arriver au centre du chakra secondaire, situé juste en dessous du chakra du cœur et connecté à celui-ci. Cet espace circulaire émet une lumière vert clair et renferme l'arbre de vie et un autel décoré de joyaux précieux, sur lequel brûle la flamme de la vie.

Concentrez-vous sur l'arbre de vie. Ses racines sont profondément enfoncées dans le sol, ses branches se tendent vers la lumière. En le regardant, apprenez l'importance de l'intégration de la vie terrestre et de la vie spirituelle pour aboutir à un état d'équilibre.

En découvrant la joie qui émerge des pratiques spirituelles, il est tellement facile de se laisser attirer par le ciel qu'on se détache complètement de la terre. Comme l'arbre, l'homme a besoin de nourriture terrestre et doit rester inébranlable. Les branches de cet arbre représentent les nombreux défis que pose la vie pour favoriser l'évolution sur la voie choisie. On peut accepter ou refuser ces défis, même si le refus ne fait que les retarder.

Regardez ensuite la flamme de l'autel. Observez ses mouvements et la façon dont le courant d'air traversant ce chakra attise davantage la flamme. La force de la flamme lui permet de résister à ce courant d'air et de monter plus haut. Contemplez la force de votre flamme intérieure Est-elle assez forte pour résister aux tempêtes de la vie ou est-elle si faible qu'elle risque de s'éteindre ?

Avant de quitter cette visualisation, pensez à votre flamme intérieure, aux moyens de la rendre plus éclatante et plus intense, pour qu'elle ne soit pas étouffée par les épreuves de la vie. À chaque fois que vous effectuez cet exercice, imaginez votre flamme intérieure monter, plus brillante et plus forte.

asanas STIMULANTES

Les *asanas* suivantes conviennent au chakra du cœur. Avant de les tenter, lisez attentivement les avertissements. Pratiquez lentement et soigneusement chaque posture, en vous concentrant dessus. Si votre mental se met à errer, ramenez-le à la tâche en cours.

En pratiquant Utthita Trikonasana, tournez-vous depuis la taille, sans changer la position de vos hanches. Votre poitrine doit être tournée vers le mur opposé, pas vers le plancher. Si vous n'arrivez pas à toucher le plancher en prenant la posture du triangle et la posture du triangle inversé, placez une pile de livres près de vos pieds et posez vos mains dessus. Si vous avez du mal à garder l'équilibre dans ces postures, pratiquez contre un mur.

Lorsque vous avez assumé une posture, respirez normalement et visualisez un rayon vert de lumière pénétrer dans votre chakra du cœur. Notez toute sensation physique ressentie dans la poitrine et autour de celle-ci.

Après une posture, relaxez-vous quelques instants avant de passer à la suivante.

VIRABHADRASANA *le guerrier*

1 Tenez-vous debout, pieds joints, dos bien droit, épaules basses pour ouvrir la poitrine.

2 Inspirez et écartez les pieds d'un mètre.

3 Sur l'inspiration, portez vos pieds vers la droite. Assurez-vous que la ceinture pelvienne est d'aplomb.

4 Fléchissez le genou droit jusqu'à ce qu'il forme un angle de 90 degrés avec la cheville. Gardez la jambe gauche tendue et le genou bloqué.

5 Sur l'inspiration suivante, tendez les bras au-dessus de la tête et joignez les paumes. Inclinez-vous légèrement en arrière depuis la taille, en maintenant un angle de 90 degrés avec le genou droit. Répétez sur l'autre côté.

AVERTISSEMENT. Cette posture est difficile et ne doit pas être tentée en cas de problèmes cardiaques.

Bénéfices. Cette posture soulage la raideur des épaules et du dos, augmente la capacité pulmonaire, fortifie les chevilles et les genoux et aide à tonifier l'abdomen.

utthita trikonasana *le triangle*

AVERTISSEMENT. Ne pratiquez pas en cas de hernie discale, de sciatique ou d'arthrite chronique.

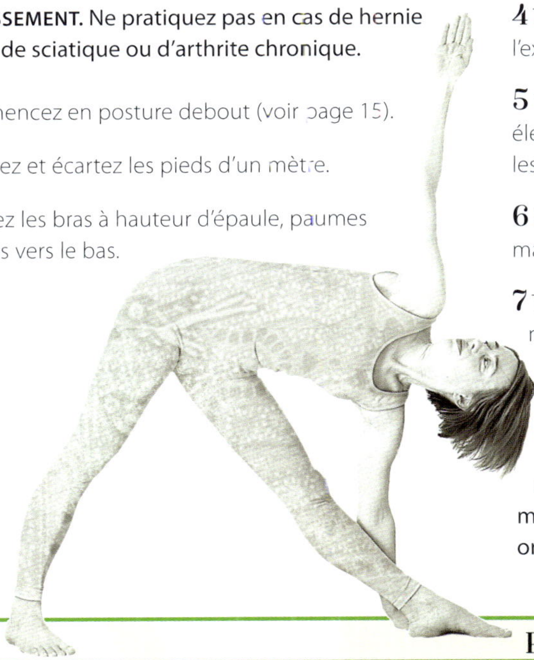

1 Commencez en posture debout (voir page 15).

2 Inspirez et écartez les pieds d'un mètre.

3 Tendez les bras à hauteur d'épaule, paumes tournées vers le bas.

4 Tournez le pied droit de 90 degrés vers l'extérieur, en gardant le gauche vers l'avant.

5 Contractez les muscles des cuisses pour élever les voûtes plantaires et ne pas fatiguer les chevilles.

6 Expirez et penchez-vous sur la jambe droite, main droite sur le sol, derrière le talon.

7 Tournez le torse et levez le regard vers votre main gauche tendue. Répétez sur l'autre côté.

Bénéfices. **Cette posture stimule le système nerveux, atténue la dépression nerveuse, améliore l'appétit et la digestion, masse les nerfs spinaux, le bas du dos et les organes abdominaux.**

parivrtta trikonasana *le triangle inversé*

1 Commencez en posture debout (voir page 15).

2 Inspirez et écartez les pieds d'environ un mètre.

3 Tournez les pieds de 90 degrés vers la gauche, pour que votre corps soit tourné dans cette direction.

4 Sur l'expiration, tournez le torse en faisant passer la main droite par-dessus la jambe gauche pour la poser sur le sol, à l'extérieur du pied gauche.

5 Tendez le bras gauche vers le haut jusqu'à ce qu'il soit aligné avec le bras droit et que la poitrine se dilate à fond. Gardez les genoux bloqués et levez le regard vers votre main droite. Répétez sur l'autre côté.

Bénéfices. **Cette posture fortifie les muscles des cuisses, dilate à fond la poitrine, favorise l'équilibre et la concentration, masse les organes abdominaux.**

Respiration et son

Le centre cérébral de la respiratoire contrôle l'automatisme de ce processus, si bien que la plupart du temps la respiration n'est pas consciente. Si on est assis à lire un livre ou si on dort, le rythme respiratoire ralentit. Si on fait de l'exercice, le rythme respiratoire s'accélère pour fournir au corps l'oxygène nécessaire à la tâche en cours.

De la même façon, les pensées influencent le rythme de la respiration. La respiration s'accélère quand on a peur, ralentit et devient peu profonde lorsqu'on contemple la campagne paisible. Laissez la respiration trouver son propre rythme crée l'harmonie et l'équilibre intérieurs.

Tout le monde a envie de paix et de sécurité, mais la façon de les obtenir et le degré auquel on les acquiert dépendent de l'enfance et du début de l'adolescence. Une enfance protégée et heureuse constituera une base solide pour l'âge adulte. Cependant, en dernière analyse, la sécurité et la paix doivent être trouvées en soi-même.

La respiration naturelle

Asseyez-vous confortablement dans un endroit tranquille et relaxez toute partie de votre corps qui semble chargée de tension. Concentrez-vous sur le bout de votre nez et percevez la température de l'air que vous inspirez et expirez. Laissez votre respiration prendre son propre rythme et ne la contrôlez en aucune façon. N'oubliez pas que l'expiration est naturellement plus longue que l'inspiration. Observez votre souffle de 4 à 5 minutes.

Concentrez-vous ensuite sur le chakra du cœur et visualisez-le dans un cercle, symbole de sécurité de par sa rondeur parfaite et son absence de coins pouvant dissimuler des choses.

En maintenant le rythme naturel de votre respiration, imaginez-vous assis dans ce cercle. Sur chaque inspiration, laissez votre chakra du cœur s'ouvrir doucement, sur chaque expiration, laissez votre souffle élargir le cercle, comme si vous gonfliez un ballon. Plus le cercle s'accroît, plus l'espace sécurisé où donner et recevoir de l'amour devient grand.

Quand votre cercle a atteint une taille qui vous convient, pensez à quelqu'un qui vous a montré récemment de l'amour et de l'affection. Essayez de recapturer ce que vous avez ressenti, puis, à partir de votre chakra du cœur ouvert, retournez cet amour. Une fois cet exercice terminé, revenez à votre

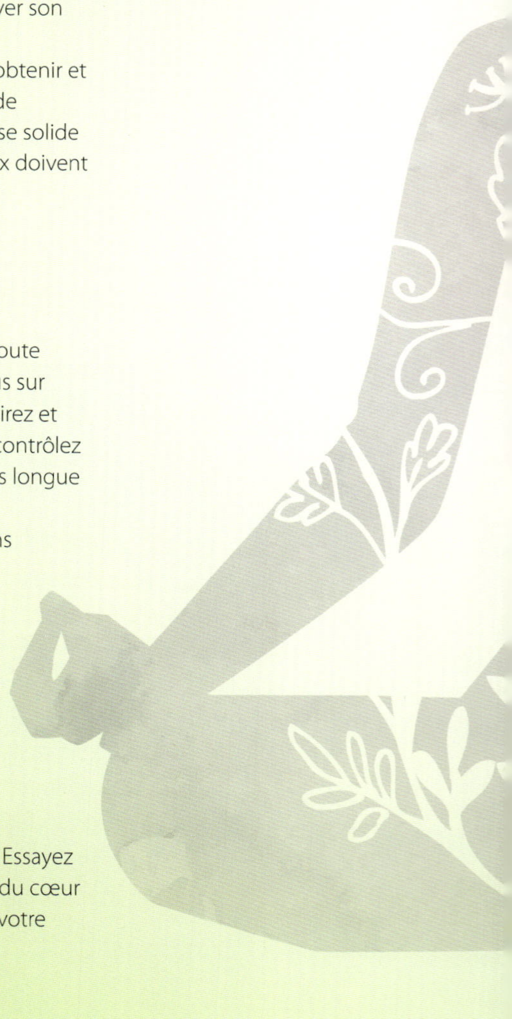

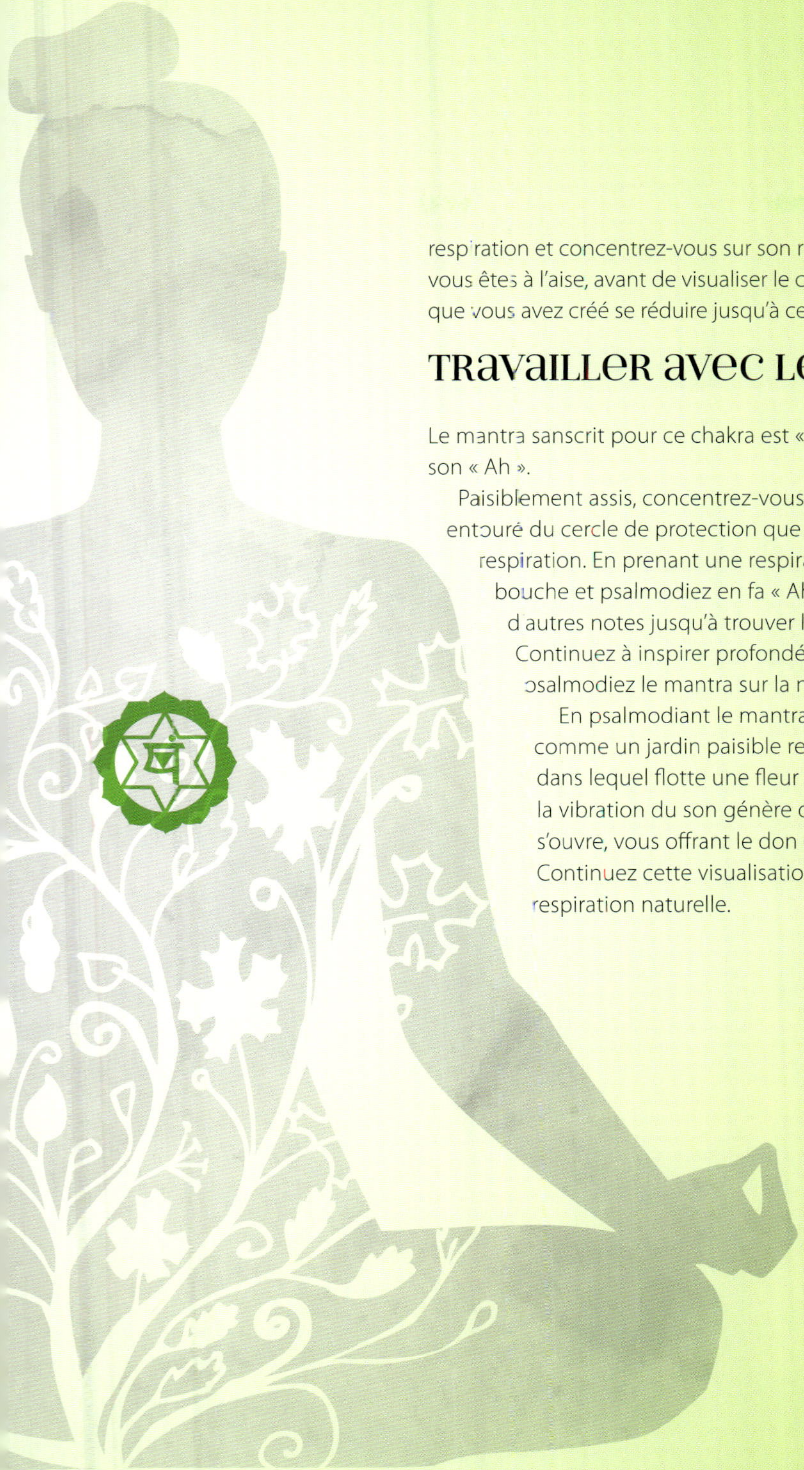

respiration et concentrez-vous sur son rythme naturel aussi longtemps que vous êtes à l'aise, avant de visualiser le chakra du cœur se fermer et le cercle que vous avez créé se réduire jusqu'à ceindre votre cœur.

Travailler avec le mantra

Le mantra sanscrit pour ce chakra est « Yam » mais on peut utiliser aussi le son « Ah ».

Paisiblement assis, concentrez-vous sur le chakra du cœur. Visualisez-le entouré du cercle de protection que vous avez créé lors de l'exercice de respiration. En prenant une respiration profonde, ouvrez en grand la bouche et psalmodiez en fa « Ah » ou « Yam ». Expérimentez avec d'autres notes jusqu'à trouver le ton qui résonne avec ce chakra. Continuez à inspirer profondément et, sur chaque expiration, psalmodiez le mantra sur la note qui vous convient.

En psalmodiant le mantra, imaginez le chakra du cœur comme un jardin paisible renfermant un bassin circulaire, dans lequel flotte une fleur de lotus rose pâle. À mesure que la vibration du son génère des rides sur l'eau, la fleur de lotus s'ouvre, vous offrant le don de l'amour spirituel, inconditionnel. Continuez cette visualisation et le mantra, puis revenez à une respiration naturelle.

Travailler avec le yantra

Le yantra pour l'Anahata chakra est formé de deux triangles superposés inscrits dans un cercle. Le triangle blanc pointe vers le bas est lié à la lune, à l'eau, au monde naturel et au principe féminin. Sa ligne horizontale représente l'élément terre. Le triangle rouge pointe vers le haut est associé au soleil, au feu, au monde spirituel, à la triade de l'amour, de la vérité et de la sagesse. Il symbolise le principe masculin, sa ligne horizontale, l'élément air.

Ce yantra évoque la dualité de la nature humaine. Toute voie spirituelle vous fera travailler avec cette dualité, ce qui implique, par exemple, d'accepter vos énergies masculine et féminine, vos qualités et vos défauts, votre intellectualité et votre créativité.

L'expérience du mal vous aidera à comprendre le bien, la maladie signifiera que vous savez ce qu'est la bonne santé, la faim vous fera apprécier d'être rassasié. La vie repose sur l'expérience et le défi ultime est de devenir meilleur grâce à vos expériences, afin de vous rapprocher de la compréhension de l'intelligence suprême sous-tendant l'ensemble de la création.

Situé à mi-chemin entre les chakras supérieurs et les chakras inférieurs, Anahata est un centre d'équilibre. Les guérisseurs s'en servent pour combiner l'énergie terrestre des chakras inférieurs et l'énergie spirituelle des chakras supérieurs avant de les canaliser vers le receveur.

Exercice. Placez le yantra de façon à le voir aisément. Prenez quelques instants pour détendre votre corps et votre mental avant cet exercice.

Pour commencer, contemplez la structure du yantra formé par deux triangles superposés inscrits dans un cercle. Ces deux triangles forment l'étoile de David, symbole sacré du judaïsme. Pour l'hindouisme, c'est le symbole de l'union du yoni (la matrice et la fertilité) et du linga (le pouvoir génératif mâle), donc de l'union des contraires.

Vous sentez-vous concerné par ce concept ? Êtes-vous conscient de vos énergies féminine et masculine ? Si vous vous êtes incarné dans un corps féminin, vous disposez encore de l'énergie masculine, et vice-versa. Avez-vous accepté ce fait et, le cas échéant, avez-vous tenté d'équilibrer ces deux énergies ? Utilisez-vous en égale mesure vos deux hémisphères cérébraux ? L'hémisphère gauche est lié à votre intellect, le droit à votre créativité. Ces forces sont-elles manifestes dans votre vie ?

En contemplant ce yantra, pensez à votre régime alimentaire Pour être équilibré, celui-ci doit englober en proportions égales des aliments acides et alcalins. Le travail avec ce chakra rappelle que la vie terrestre doit être en harmonie avec la vie spirituelle, car une vie plongée dans le matérialisme entrave l'atteinte de l'intuition spirituelle. Anahata représente aussi l'équilibre entre les trois chakras inférieurs et les trois chakras supérieurs. Lorsqu'on canalise la guérison, les énergies de la terre, qui montent à travers les pieds, et les énergies spirituelles, qui pénètrent par le chakra couronne, s'unissent au chakra du cœur.

Une autre façon de contempler ce yantra est de placer un symbole de chaque chakra sur les six pointes de l'étoile. Les trois pointes du triangle supérieur sont associées aux chakras de la gorge, couronne et du troisième œil, les trois pointes du triangle inférieur sont associées aux chakras du plexus solaire, racine et sacré. Le chakra du cœur est placé au centre de l'étoile qu'ils forment. Les rayons d'amour inconditionnel partant du chakra du cœur se dirigent vers les six pointes de l'étoile et les chakras présents là. Cette effusion d'amour équilibre les chakras et leurs attributs et enveloppe la personne d'un sentiment de paix et de bien-être.

Dans le Bhagavad-Gita, Krishna dit à Arjuna :

> « Le yoga est inaccessible à celui qui mange trop, à celui qui ne mange pas assez, à celui dort trop, à celui qui ne dort pas assez. Le yoga détruit toute souffrance pour celui qui fait preuve de modération dans sa nourriture, dans ses délassements, dans son effort alors qu'il agit, dans le sommeil et dans l'état de veille. »

Terminez cet exercice par la respiration rythmique (page 28), en vous concentrant sur l'équilibre engendré par la durée identique de l'inspiration et de l'expiration. Restez assis quelques instants à réfléchir sur votre travail avec ce yantra.

हं

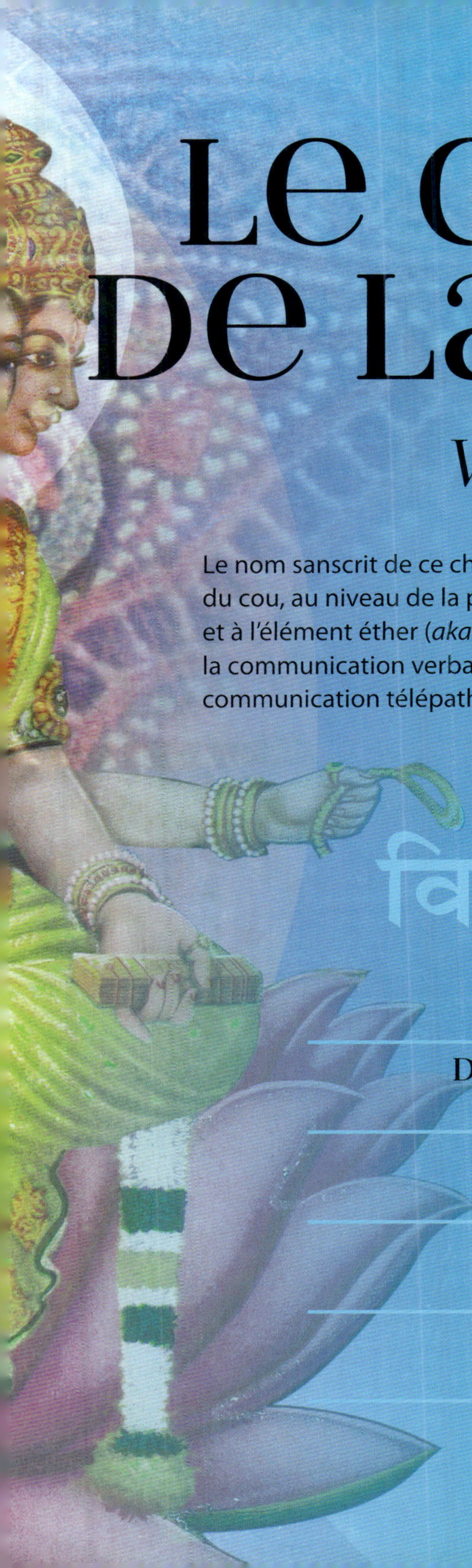

LE CHAKRA DE LA GORGE

Vishuddha

Le nom sanscrit de ce chakra est *Vishuddha*, « purifier ». Situé au sommet du cou, au niveau de la première vertèbre cervicale, il est relié à l'ouïe et à l'élément éther (*akasha*). Sur le plan physique, ce chakra permet la communication verbale. Activé et purifié, il favorise par ailleurs la communication télépathique et la canalisation de l'information.

VISHUDDHA

विशुद्ध चक्र

SIGNIFICATION
Purifier

DÉITÉS ASSOCIÉES
Sadasiva, Shakini

ÉLÉMENT
Éther

COULEUR
Bleu

MANTRA
Ham

Vishuddha est le portail ou le pont conduisant aux niveaux supérieurs de conscience. C'est là que les quatre éléments inférieurs sont portés à leur essence la plus pure avant d'être dissous dans l'éther. Le sens associé au chakra de la gorge est l'ouïe (le son), amenée par la séquence suivante :

l'élément terre du chakra racine est dissous dans l'élément eau du chakra sacré, faisant subsister son essence en tant qu'odorat. L'élément eau est ensuite transformé par l'élément feu du chakra du plexus solaire en vapeur et son essence devient goût. Quand l'élément feu pénètre au chakra du cœur, il confère mobilité à l'air, et son essence devient le toucher. Quand l'air s'unit à l'éther au chakra de la gorge, il devient son pur.

Le chakra de la gorge est représenté par un cercle à seize pétales bleus sur lesquels sont inscrites en rouge les lettres sanscrites formant les sons *a, a, I, I, u, u, R, R, Li, Ll, e, ai, o, au, am* et *ah*, qu'il faut psalmodier comme des mantras. Dans ce cercle, un triangle pointe vers le bas renferme à son tour un autre petit cercle. Ce dernier représente la pleine lune et son association symbolique avec les pouvoirs psychiques attribués à ce chakra, ainsi que l'élément éther. Parfois, un croissant de lune argenté apparaît en haut du cercle, symbole du son cosmique pur (*nada*) et portail vers la libération.

Pour travailler avec ce chakra, on doit accorder sa conscience avec le champ vibratoire subtil qui englobe et unifie tout, champ qui peut être assimilé à l'éther. Pour percevoir ces sons subtils, il faut réserver chaque jour un moment à une plongée dans le silence.

Un autre aspect important du chakra de la gorge est la communication, sans laquelle la personne serait isolée et solitaire ; sa santé en souffrirait. La communication avec les autres doit être vraie, sous peine de perturber la circulation de l'énergie vitale vers ce chakra, et avoir une nature positive, curative. Pour influence ce chakra, on peut réciter à l'aube la prière séculaire *Gayatri* : « Méditons sur l'éclat le plus parfait de ce soleil divin (source divine) : puisse cela inspirer notre compréhension. »

AMBARA

Ambara, souvent représenté assis sur un éléphant blanc, est le dieu lié au mantra « Ham » et à l'éther.

Son corps blanc a quatre bras. Il tient un collet et un aiguillon pour signifier le besoin d'agir et d'abandonner l'ignorance en vue d'accéder à la conscience spirituelle.

Sadasiva

La principale divinité de ce chakra est Sadasiva, dépeint comme Ardhanarishiwara (ci-contre). Ce curieux personnage, mi-homme mi-femme, représente Shiva et Shakti, sa nature féminine, combinés dans une image qui, néanmoins, montre le dieu seul, sa nature essentielle visible dans la réconciliation des contraires. L'aspect Shiva de son corps est blanc, l'aspect Shakti est doré. Vêtu de blanc et d'une peau de léopard, il a souvent cinq visages à trois yeux et dix bras. Il tient généralement une hache d'armes, une épée, la foudre, le feu, un grand serpent, une cloche, un aiguillon et un collet, et esquisse le mûdra dissipant la peur. Le siège en forme de lion sur lequel il est assis incarne le pouvoir solaire et lunaire et est placé sur un taureau, son véhicule.

La présence de Sadasiva met au défi de regarder et d'accepter ses énergies masculine et féminine, question qu'il convient d'aborder à cette étape du voyage spirituel. Le grand serpent rattaché à cette divinité est un symbole universel extrêmement complexe, représentant l'intégration des contraires chez l'individu. Le serpent symbolise le soleil et la lune, la vie et la mort, la lumière et l'obscurité, le bien et le mal, la sagesse et la passion aveugle, ainsi que la renaissance spirituelle et physique.

La foudre et la cloche associées à Sadasiva désignent les habitudes obsolètes qui doivent être détruites pour que de nouvelles énergies émergent. La cloche symbolise aussi le mouvement des quatre éléments inférieurs pour devenir *akasha*. La hache d'armes montre le pouvoir acquis par la transformation des énergies d'une personne, l'épée, le discernement et les décisions spirituelles qu'il faut prendre si l'on veut poursuivre le voyage vers Ajna (chakra du troisième œil). Le chakra de la gorge est censé être le portail de la grande libération pour la personne dont les sens sont purs et maîtrisés et qui souhaite goûter à la richesse du yoga.

Shakti Shakini

L'aspect féminin (*shakti*) gouvernant ce chakra est Shakini (voir pages 80 et 81), décrite comme la lumière même. Montrant cinq visages à trois yeux et quatre bras, vêtue de jaune, elle est assise sur une fleur de lotus rouge. Trois de ses mains tiennent le collet, emblème du savoir et du pouvoir intellectuel, l'aiguillon, symbole de l'action et du contrôle, et le livre, figurant la perfection et la sagesse. Sa quatrième main esquisse le Jnana-mûdra (pouce touchant l'index droit, les deux placés sur le cœur).

Lalana chakra

Le chakra de la gorge est connecté au Lalana chakra positionné à la racine de la langue et au point *bindu vishargha*, situé sur la nuque, vers le sommet du crâne. Sur la tête, par ailleurs rasée, des moines hindous, ce point est marqué par un toupet. Le *bindu vishargha* collecte le nectar sécrété par le chakra couronne et le conduit à la glande Lalana pour être purifié par le chakra de la gorge activé. Cette sécrétion au goût douceâtre a le pouvoir de rajeunir le corps physique et de conférer un contrôle total sur le métabolisme.

Le Lalana chakra, lotus rouge à douze petales, a pour attributs la foi, le contentement, l'égarement, la maîtrise de soi, la colère, l'affection, la pureté, le détachement, l'agitation et l'appétit. Activé, ce chakra est réputé avoir soutenu des yogis enterrés vivants des jours d'affilée.

On affirme qu'en se concentrant constamment sur le chakra de la gorge, l'individu qui a atteint la connaissance de soi totale devient un grand sage, éloquent et averti, qui jouit d'une paix mentale ininterrompue.

Stimuler Vishuddha

Sur le plan physique, ce chakra est associé aux épaules, à la gorge, à la parathyroïde, à la thyroïde, ainsi qu'au larynx. Se rapportant à la parole et à l'intelligence créative, Vishuddha consigne les objectifs créatifs de l'âme, véhiculés par le courant d'énergie venant du chakra du troisième œil. La fusion des énergies des chakras du troisième œil et de la gorge induit l'activité créative.

La polarité de ce chakra est la vie et la mort. Les transcender, c'est atteindre le moi immortel et le moi spirituel, tout en restant un être conscient.

Effectuez les exercices suivants pour vous familiariser avec ce chakra et ses énergies.

énergie équilibrée

Si le chakra de la gorge est équilibré, vous serez centré, combatif, et ferez un bon orateur, peut-être un musicien ou un peintre inspiré. Propension à la méditation et à la sagesse spirituelle.

énergie surabondante

La stimulation excessive mène à l'arrogance, à l'autosatisfaction, au dogmatisme et aux exagérations.

énergie insuffisante

Une énergie insuffisante rend peureux, timide, inconsistant, instable, sournois, manipulateur et effrayé par la sexualité.

troubles physiques

Parmi les symptômes physiques qui apparaissent quand ce chakra est déséquilibré, on trouve : épuisement, problèmes pondéraux et digestifs, troubles thyroïdiens, mal de gorge, infections de la gorge, douleurs du cou et de la nuque.

CI-CONTRE. Ce chakra est situé à la base du cou.

activer vishuddha sur le corps

Imaginez-vous assis dans une forêt parsemée de jacinthes. Observez la clochette de chaque minuscule fleur, portant en son centre un bouquet d'étamines dorées, recouvertes de pollen, sa forme et sa couleur. Cueillez une fleur, placez-la sur votre chakra de la gorge et absorbez la lumière bleue de ses pétales. Écoutez leurs sons délicats, observez l'interaction de ceux-ci avec la couleur bleue qui stimule ce chakra. Si votre gorge est serrée, il s'agit probablement d'une incapacité à exprimer vos sentiments par des mots. Écartez la jacinthe et réfléchissez à ce que vous avez ressenti.

Activer Vishuddha sur les mains et les pieds

Appliquez une légère pression du doigt sur ce point de la main (ou du pied). Faites tourner le doigt de 20 à 30 secondes dans le sens des aiguilles d'une montre. Si vous avez mal, appuyez doucement jusqu'à ce que la douleur s'estompe.

Le pouce repose sur le point du chakra. Visualisez un rayon de lumière bleue émaner du ciel d'été, pénétrer par le sommet de la tête, descendre au chakra du cœur, monter par le bras pour aboutir au doigt dont vous vous servez et passer au point du chakra. Maintenez cette visualisation quelques secondes avant de répéter sur l'autre côté.

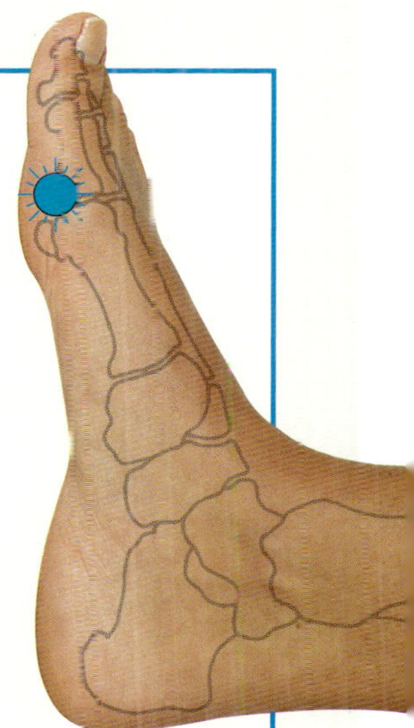

Vishuddha est situé à mi-hauteur du gros orteil.

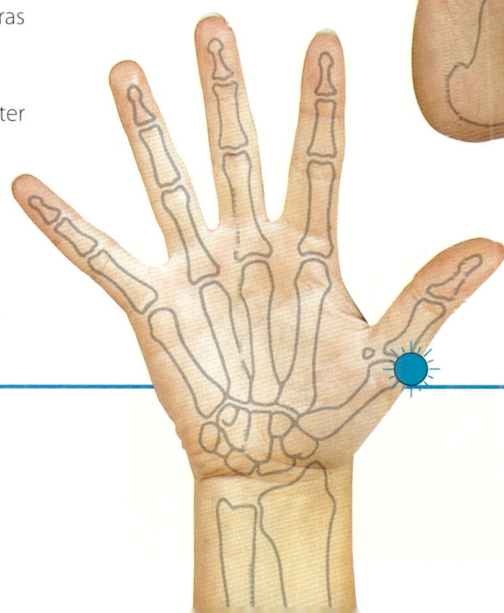

Vishuddha se trouve à mi-hauteur du pouce.

L'élément éther

L'éther, l'élément associé au chakra de la gorge, est censé remplir tout l'espace. Selon la tradition ancienne de l'hindouisme, l'univers se révèle en tant que mouvement et espace. Un autre nom de l'éther est *akasha*, terme dérivé de la racine *kash*, « rayonner » ou « briller ». L'*akasha* a des dimensions infinies et permet n'importe quel mouvement, physique ou spirituel. Tout ce qui existe révèle la nature de l'*akasha* ; les éléments terre, eau, feu et air sont vus comme ses manifestations. Le *stûpa*, sanctuaire bouddhique commémoratif en forme de dôme, représentant le Bouddha couronné et assis sur un trône en posture de méditation, symbolise tout cela. Le terme *stûpa* signifie « vénérer » ou « louer ».

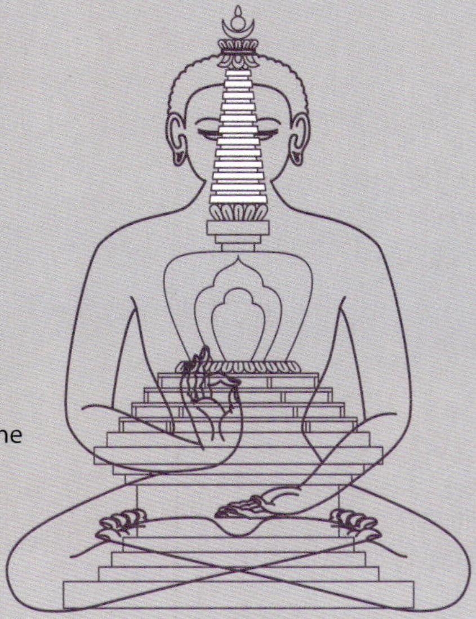

À DROITE. Lorsqu'on compare le stûpa aux éléments qui constituent le corps physique, sa base se rapporte à la terre et à l'équanimité, son dôme à l'eau et à l'indestructibilité, sa flèche au feu et à la compassion ; la zone au-dessus de la flèche représente l'air et l'action qui accomplit tout. Au sommet on trouve l'*akasha*, le vide et la conscience universelle.

Méditation sur le stûpa. Confortablement assis, pensez au dessin d'un stûpa symbolique – image abstraite de l'état d'éveil que peuvent atteindre tous les êtres. Incorporant les cinq solides platoniciens et leurs couleurs associées, l'ensemble est lié aux cinq éléments de la nature.

Commencez par méditer sur la base du stûpa et l'élément terre, qui se connectent au chakra racine, la base de la vie spirituelle. Comme la terre, le corps renferme des minéraux, des oligo-éléments et des sels divers. À mesure que la prise de conscience spirituelle s'accroît, la structure du corps physique change. Imaginez-le devenir cristallin. Tout comme les cristaux extraits de l'obscurité de la terre montrent des couleurs pures et claires une fois arrivés au soleil, le corps rayonne de couleurs éthérées pures lorsqu'il est inondé de lumière spirituelle. En vous concentrant sur le chakra racine, contemplez sa couleur, son élément et sa signification symbolique.

Contemplez ensuite l'élément eau. Essentielle à toute vie, l'eau est liée au chakra sacré et aux émotions. Les cours d'eau ou les océans miroitent paisiblement ou se déchaînent tempétueusement, comme nos émotions. Difficile de maîtriser les émotions, et cependant essentiel si on veut suivre le flot de la force vitale.

Passez plus haut, à l'élément feu et au chakra du plexus solaire. La chaleur générée par l'alimentation et la chaleur offerte par le soleil sont primordiales pour la vie. Le processus de combustion change une substance en une autre. Pareillement, l'épreuve des feux métaphoriques douloureux purifie divers aspects du moi.

Contemplez maintenant l'élément air, associé au chakra du cœur et aux pensées. L'air indispensable à la vie peut prendre la forme d'une brise douce ou d'une tornade destructrice. Il en est de même quant aux pensées, formes d'énergie qui soit restent autour de la personne, soit sont projetées ailleurs. Les pensées positives, affectueuses, apaisent comme une brise délicate. Les pensées négatives, courroucées ou malveillantes font autant de mal qu'une tornade destructrice. L'élément air incite à transformer la réflexion négative en réflexion positive.

Au sommet du stûpa, les quatre éléments inférieurs sont transformés en *akasha*, et on se dirige vers l'objectif suprême – l'éveil et l'union avec l'Être suprême. Cela prendra de nombreuses vies, mais le destin final de tous les êtres est le retour à la Source. Réfléchissez sereinement à tout aperçu que cette méditation vous a offert.

Couleur et visualisation

La couleur bleue favorise la paix, l'inspiration et le dévouement. Toutes les religions l'associent aux déités célestes. Pour les bouddhistes, c'est la fraîcheur du ciel et des eaux souterraines. Sur les images de l'hindouisme, Indra, seigneur du ciel et dieu de la guerre, arbore un manteau bleu.

Le bleu dilate l'espace, et toute chose peinte de cette couleur semblera plus grande qu'elle ne l'est en réalité, même si cette couleur a l'air froide. Le bleu favorise l'impression de relaxation, ce qui le rend utile en cas de stress physique, mental et émotionnel. Par contre, vivre trop longtemps entouré de cette couleur risque de faire empirer un état dépressif.

À GAUCHE. **Le bleu, couleur associée au chakra de la gorge, offre l'inspiration de s'exprimer complètement. Visualisez cette couleur pour suivre la voie spirituelle de votre choix.**

Visualisation avec le bleu

Dans l'idéal, cette méditation doit être pratiquée au grand air, mais si ce n'est pas possible, trouvez un endroit approprié dans la maison, allongez-vous sur le dos et imaginez-vous regarder le ciel.

Cherchez un lieu calme et ombragé. En vous allongeant dans l'herbe, contemplez l'immensité du ciel bleu. Méditez sur l'immensité de l'espace et demandez-vous s'il est infini ou s'il a un début et une fin. Pensez au peu que nous savons à propos des galaxies existant dans l'univers et à notre infinitésimale présence dans ce vaste champ cosmique. Nous sommes de minuscules gouttelettes dans un vaste océan mais, de même que chaque gouttelette est un élément important de l'océan, nous sommes uniques et importants dans le grand schéma des choses. Concentrez-vous sur le soleil, sans le fixer du regard. Réfléchissez au rôle important qu'il tient quant à la préservation de la vie. Sans lui, il n'y aurait une obscurité froide.

Visualisez un rayon de lumière dorée partant du soleil et s'étirant dans l'immensité de l'espace. Imaginez que vous voyagez dans l'univers sur ce rayon de lumière. Laissez la lumière bleue de l'espace vous entourer d'un manteau de paix et de protection. Observez les étoiles et les planètes, écoutez le son émis par chacune et les harmonies modulées en douceur de leur symphonie. Percevez ces sons résonant avec les sons émis par votre corps. Chaque organe, chaque muscle et chaque os répète en écho sa propre fréquence, son propre son.

Trouvez le son résonant avec votre chakra de la gorge, percevez sa vibration s'élargissant autour de votre cou, le long de vos épaules et descendant par vos bras. Immergé dans une mer de tranquillité, essayez d'entendre la musique des sphères avec votre oreille « intérieure », éprouvant une fois de plus la sensation que les étoiles et les planètes vous rendent complet. Ramenez ensuite votre concentration à la couleur bleue et réfléchissez à votre voie spirituelle.

Quand vous êtes prêt, trouvez le rayon de lumière dorée et laissez-le vous ramener en douceur vers la terre. Devenez conscient de votre corps allongé sur le sol, ainsi que de tout changement du chakra.

asanas stimulantes

Les postures suivantes sont très efficaces pour Vishuddha chakra. En pratiquant Supta Vajrasana, si vous n'arrivez pas à garder les genoux sur le sol, placez un ou deux coussins sous votre tête. Quand les muscles des cuisses deviennent plus souples, enlevez-les.

En cas de raideur du cou, de blessure aux vertèbres cervicales ou de coup du lapin, pratiquez Halasana (la charrue) et Sarvangasana (la chandelle), en plaçant deux ou trois couvertures pliées sous vos épaules et votre dos, nuque sur le sol. Dans ces deux postures, le haut de vos bras doit suivre une ligne droite. Lors de la chandelle, cette position des bras soutient davantage le dos et aide à équilibrer le corps sur les épaules.

La chandelle est la « mère des postures », car cette posture confère harmonie au corps. En bloquant bien le menton dans cette *asana*, l'apport de sang à la thyroïde est intensifié, ce qui aide à l'équilibrer.

Une fois la posture choisie, respirez normalement et visualisez un rayon de lumière bleue pénétrant dans le corps à travers le sommet de votre tête, puis descendant vers le chakra de la gorge.

supta vajrasana *posture de la foudre assoupie*

AVERTISSEMENT. Ne pratiquez pas cette posture si vous souffrez de problèmes du bas du dos.

1 Agenouillez-vous sur le sol, pieds étirés derrière vous et gros orteils croisés. Asseyez-vous sur les talons, genoux joints.

2 Inclinez-vous en arrière en vous soutenant sur les bras et les coudes, jusqu'à ce que votre tête touche le plancher. Ne fatiguez pas les muscles et les ligaments des cuisses et des genoux en les forçant à toucher le sol. Si vous n'êtes pas à l'aise, placez un ou deux coussins sous la tête, jusqu'à ce que les muscles des cuisses deviennent plus souples.

3 Arquez le dos et placez les mains sur vos cuisses. Les genoux joints restent sur le sol. En maintenant cette posture, concentrez-vous sur le chakra de la gorge et la couleur bleue.

Bénéfices. Bonne posture pour les problèmes abdominaux, spécialement la constipation. Contribue aussi à la tonification des nerfs spinaux.

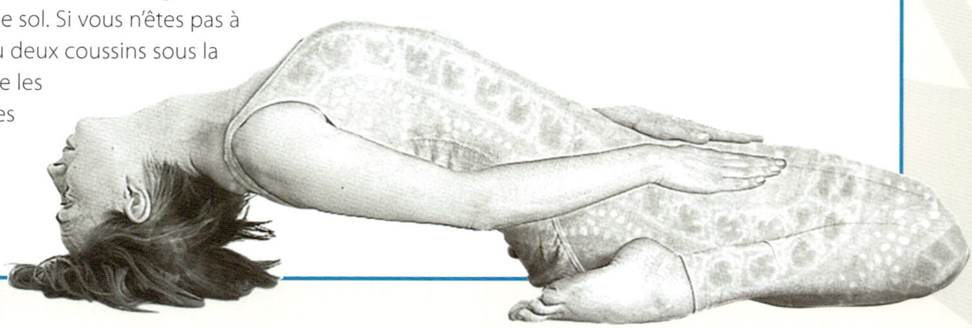

Halasana *la charrue*

AVERTISSEMENT. Ne pratiquez pas en cas de sciatique, de problèmes de dos et d'hypertension.

1 Allongez-vous sur le sol, bras sur les côtés, paumes tournées vers le bas.

2 Étirez le cou et rentrez le menton dans la poitrine.

3 Sur l'inspiration, levez les jambes tendues et portez-les à un angle de 90 degrés. Si vous avez du mal, fléchissez les genoux pour lever les jambes.

4 Inspirez et, sur l'expiration suivante, passez les jambes par-dessus la tête, jusqu'à ce que vos pieds, orteils recroquevillés, touchent le plancher derrière elle.

5 Élevez la colonne vertébrale et soutenez des mains votre dos. Les bras sont parallèles et alignés avec les épaules. Le menton repose entre les clavicules, verrouillant la gorge.

6 Maintenez aussi longtemps que vous le pouvez en vous focalisant sur le chakra de la gorge. Quand vous êtes prêt, revenez en roulant à la position allongée sur le sol et relaxez-vous quelques minutes.

Bénéfices. **Accroît la flexibilité de la colonne vertébrale et la souplesse des muscles du dos, équilibre la thyroïde et le métabolisme, aide à tonifier le foie, les reins et le pancréas.**

Sarvangasana *la chandelle*

AVERTISSEMENT. Ne pratiquez pas cette posture en cas d'hypertrophie du foie ou de la rate ou d'hypertension.

1 Partez de la charrue (à gauche)

2 Sur l'inspiration suivante, portez les jambes tendues au-dessus de la tête jusqu'à ce que votre corps soit aligné depuis les épaules jusqu'aux orteils.

3 En gardant les bras parallèles et en ligne avec les épaules, soutenez le dos de vos mains. Vous devez être en équilibre sur les épaules, pas sur le dos.

4 Gardez le cou étiré, le menton reposant entre les clavicules pour verrouiller la gorge, ce qui active le chakra de la gorge.

Bénéfices. **Aide en cas de bronchite, d'asthme, de problèmes de gorge, de maux de tête, de catarrhe, de problèmes menstruels, d'insomnie, d'hypertension, de troubles urinaires et de hernies.**

Respiration et son

L'air est l'une des formes les plus subtiles d'énergie. Le hatha yoga le partage en cinq catégories, les *vayas* (vents) : *apana vaya*, qui circule dans la partie inférieure de l'abdomen et contrôle l'élimination, *samana vaya*, présent entre le diaphragme et le nombril, qui aide la digestion et l'assimilation, *prana vaya*, qui se déplace dans le thorax et contrôle la respiration, *udana vaya*, dans la gorge, responsable de l'expression à travers le son, et *vyana vaya*, qui baigne l'ensemble du corps et y distribue l'énergie tirée de la nourriture et de la respiration.

La respiration bourdonnante, expliquée ci-dessous, travaille avec *udana vaya*. En pratiquant cet exercice, vous devez vous concentrer sur le chakra de la gorge. Avec chaque répétition, la vibration ressentie dans le chakra de la gorge et autour de celui-ci doit devenir plus intense.

La respiration bourdonnante

Cet exercice travaille avec *udana vaya*. Pour effectuer l'exercice, asseyez-vous dans une position confortable, dos droit, en tailleur ou en demi-lotus. Penchez la tête pour poser le menton entre les clavicules. Placez le dos de vos mains sur vos genoux. Joignez le bout des index et le bout des pouces, les autres doigts tendus.

Cette position est appelée « jnana mûdra », symbole du savoir. Commencez par vider vos poumons autant que possible avant de prendre une inspiration profonde, lente et régulière par le nez, pour les remplir d'air chargé en oxygène.

Sur l'expiration, émettez un léger son bourdonnant, comme une abeille. Quand vous manquez d'air, prenez une autre inspiration profonde et maintenez le son bourdonnant sur l'expiration. Il est bon de pratiquer cette respiration pendant 10 à 15 minutes. Quand vous avez fini, allongez-vous et détendez-vous.

Le mantra

Le chakra de la gorge est connecté à l'intelligence créative et à la parole. Il consigne les objectifs créatifs de l'âme, qui lui sont transmis par l'afflux d'énergie du chakra du troisième œil. La fusion de ces deux énergies stimule l'activité créative. On pensait jadis que le son se rapportait aux plans d'existence non-physique et physique. Le son primordial, inaudible pour l'oreille humaine, est tenu pour l'origine de toute matière et énergie de l'univers. Pour l'hindouisme, la forme la plus pure de ce son cosmique est « Om », le mantra du chakra du troisième œil.

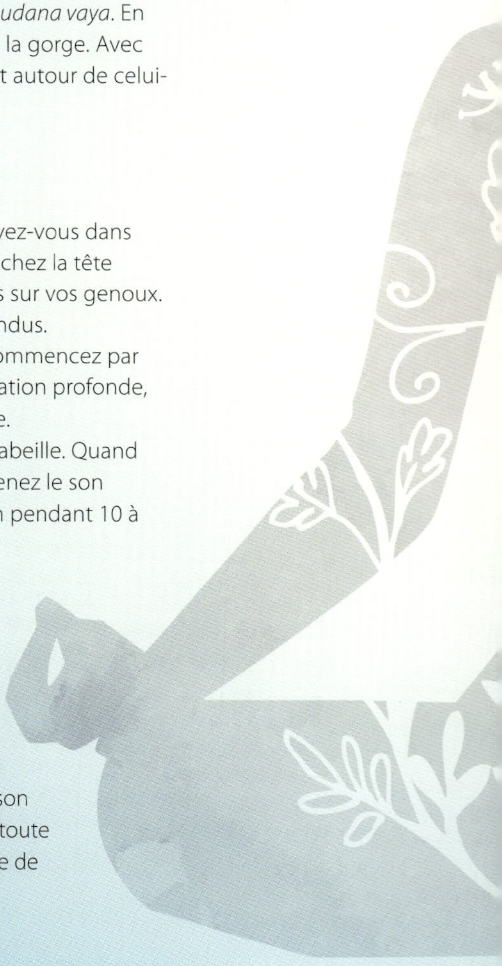

Le chakra de la gorge est lié au son à travers la musique et la parole. Chaque mot qu'on prononce génère une vibration dans l'éther environnant. Selon l'intention sous-tendant nos paroles, ces vibrations peuvent être nuisibles ou bénéfiques : l'ambiance déplaisante engendrée par une dispute acharnée ou l'ambiance agréable suscitée par la récitation d'un beau texte qui élève le moral.

Le mantra Ham

Le mantra sanscrit pour le chakra de la gorge est « Ham », mais on peut aussi utiliser le son « eh ». Lors de la première séance, servez-vous du mantra Ham, sur une note plus haute que celle utilisée pour le chakra du cœur. Expérimentez avec cette note jusqu'à ce que vous trouviez celle qui résonne avec votre chakra de la gorge. Une fois la note juste trouvée, commencez à psalmodier doucement le mantra « Ham ». Percevez l'endroit du corps où le son résonne, puis projetez celui-ci vers le chakra de la gorge. Sentez l'élargissement de ce chakra et imaginez votre cou et votre gorge inondés de lumière bleue.

Continuez ainsi pendant 5 à 10 autres minutes. Ensuite, percevez l'énergie pulsant à travers votre cou et autour de lui.

Lors de la séance suivante, utilisez le son « eh ». Comparez l'effet que produisent ces deux sons, afin de choisir celui qui vous convient le mieux.

Travailler avec le yantra

Ce yantra comporte un triangle pointe vers le bas englobant un cercle et un croissant de lune argenté.

Vishuddha est le portail vers la libération pour les individus ayant maîtrisé leurs sens en travaillant avec les quatre chakras inférieurs et leurs éléments associés. Quand les sens sont sous contrôle, leurs éléments seront affinés et leurs essences immergées dans l'*akasha* à ce chakra.

Dans les textes concernant laya yoga, l'inversion de ce processus sert à décrire la création. Selon eux, lors de l'acte de création, Shiva (le dieu suprême), désirant se manifester sous diverses formes, a déclenché une vibration dont est sorti son pouvoir sous la forme de Shakti, sa contrepartie féminine.

Shakti, véhiculant tous les aspects de Shiva, les manifeste par ses nombreuses formes et espèces de vie dans une série de dimensions ou sur des plans différents. Ces plans se distinguent les uns des autres principalement par les éléments qui les composent. L'élément terre est le plan le plus dense, et culmine dans la formation de l'univers physique. Lorsqu'il revêt un corps physique, l'esprit s'incarne dans ces états denses de matière sous la forme des quatre éléments. Dans le corps physique, l'aspect Shakti de Shiva est assoupi au chakra racine, symbolisé par un serpent lové.

Exercice. Placez le yantra à un endroit où vous pouvez le voir aisément. Regardez les formes dont il est bâti. Les trois côtés du triangle rouge pointe vers le bas représentent le passé, le présent et l'avenir, ainsi que le corps, le mental et l'esprit. Ils rappellent le besoin d'intégrer tous ces aspects afin de pouvoir vivre dans le présent et prendre conscience du moi éternel. Le cercle inscrit dans le triangle évoque la présence des pouvoirs psychiques latents de l'individu, qui sont activés quand ce chakra s'ouvre. L'ensemble de la littérature traitant des aspects spirituels du yoga met en garde : ces pouvoirs sont un piège, ils ne doivent pas être recherchés pour ne pas perdre de vue le but ultime de la conscience divine. Le croissant de lune argenté surmontant le cercle est le symbole du *nada*, le son cosmique pur.

Asseyez-vous en silence et réfléchissez à ce yantra et à la façon dont vous vous rapportez à son symbolisme. Contemplez le triangle équilatéral symbolisant l'éveil à votre véritable nature. C'est là que vous êtes appelé à activer votre moi spirituel grâce au pouvoir du son. Les Rishis et les yogis qui, par la méditation, se sont plongés dans le tréfonds du mental, percevaient les sons de ces vibrations subtiles. Ils entendaient l'inspiration et l'expiration comme « hamsohamsoham » – le lien entre la conscience individuelle et la conscience cosmique. Ils avaient découvert que le mantra « soham » permettait de passer de la conscience individuelle limitée au domaine cosmique du « Om », le mantra du chakra du troisième œil. Selon les Upanishad, la répétition consciente de « soham » avec le souffle suscite un son audible dans l'oreille interne. Le son peut créer, mais aussi détruire. Certaines fréquences sonores brisent le verre ; les ultrasons détruisent les calculs rénaux et vésiculaires. Les gens qui ont nagé avec des dauphins connaissent l'effet curatif de leurs appels aigus. En répondant à l'appel à l'éveil, on doit se préparer à l'arrivée de grands changements afin de pouvoir vivre dans un état d'épanouissement personnel.

Repassez en revue votre travail avec les quatre chakras inférieurs et observez les changements que ce travail a instaurés en vous. Vous comprenez-vous mieux, de même que votre chemin de vie ? Ce chakra exige aussi d'examiner la communication avec les autres. Le son que nous utilisons pour communiquer engendre une ambiance particulière, selon que nous bavardons ou parlons sérieusement. Enchaînez-vous les banalités ou parlez-vous seulement quand vous avez quelque chose d'important à dire ? La prochaine fois que vous êtes avec votre famille ou vos amis, soyez conscient de ce que vous dites et des raisons qui vous ont poussé à vous exprimer.

Pour terminer la séance, pratiquez la respiration bourdonnante présentée à la page 92, puis asseyez-vous en silence pour réfléchir quelques instants à vos pensées et à vos sentiments.

हं
ॐ
क्षं

Le chakra du troisième œil

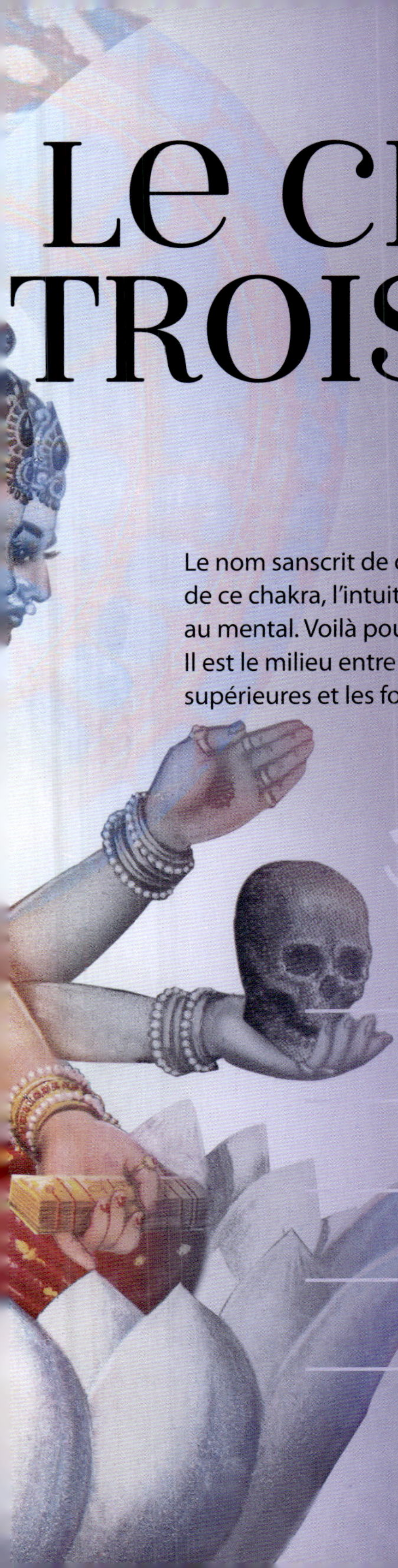

Ajna

Le nom sanscrit de ce chakra est *Ajna*, « savoir » ou « commander ». À partir de ce chakra, l'intuition est transmise aux chakras situés en dessous de lui et au mental. Voilà pourquoi Ajna est aussi le troisième œil, l'œil de l'intuition. Il est le milieu entre la conscience supérieure et le moi et entre les facultés supérieures et les fonctions instinctives.

ajna

आज्ञा चक्र

SIGNIFICATION
Savoir ou commander

DÉITÉS ASSOCIÉES
Shiva, Hakini

ÉLÉMENT
Éther

COULEUR
Indigo

MANTRA
Om

Lié au mental (*manas*), ce chakra est représenté avec deux pétales soit indigo, soit blancs, inscrits en blanc des lettres sanscrites *ha* et *ksa*. Ces deux pétales sont connectés aux lobes droit et gauche de l'hypophyse et sont l'image de la combinaison des deux polarités de notre existence. Ils sont également rattachés aux hémisphères cérébraux gauche et droit. L'hémisphère droit est le siège de l'intuition, liée au pouvoir psychique, le gauche est le siège de l'intelligence, offrant une vue d'ensemble du monde. Ici prend place le mariage céleste du soleil et de la lune, du mental et du corps, aboutissant à l'ouverture du troisième œil et au sixième sens. Les trois *nadis* principaux, Ida, Pingala et Sushumna, se joignent ici avant de monter jusqu'au chakra couronne.

Il est très important d'ouvrir ce chakra progressivement. La maîtrise complète et l'équilibre des chakras inférieurs sont des conditions indispensables. En l'absence d'un contrôle conscient des chakras inférieurs lorsqu'on ouvre Ajna, divers types de désorientation risquent de se manifester. Pour de meilleurs résultats, il est préférable de demander l'aide d'un maître expérimenté.

Shiva

Au centre de ce chakra, un triangle pointe vers le bas représente la triade essentielle de la réalité suprême : la réalité (*sat*), la conscience (*chit*) et la joie (*ananda*). Dans le triangle est inscrit le mantra « Om ». Ici, Shiva est présent en tant qu'Itara, souvent représenté par un lingam blanc évoquant des éclairs fulminants continus. Sa forme plus traditionnelle est visible à gauche. Sa présence au centre du triangle pointe vers le bas du chakra indique l'importance de l'intégration des énergies masculine et féminine à ce point de l'évolution spirituelle.

Selon moi, c'est un symbole du besoin de tout un chacun d'être complet, car alors il n'a plus besoin de recourir à autrui pour obtenir ce qui lui manque encore. Si on ne se sent pas en sécurité, on se rapproche instinctivement de quelqu'un qui vous protégera. Si on a peur, on cherche quelqu'un capable de rassurer et de protéger, si on a besoin de soins, on trouve quelqu'un qui s'en charge.

La déesse Hakini

La déesse Hakini (à droite) est, elle aussi, associée à ce chakra. Assise sur une fleur de lotus blanche, elle a six têtes et six bras. Dans quatre de ses mains elle tient un livre, un crâne, un petit tambour double et un chapelet. Ses deux autres mains esquissent les mûdras dissipant la peur et accordant des bénédictions. Le tambour double qu'elle tient symbolise le temps, la séquence et le rythme de la vie manifeste, le crâne est un rappel du caractère éphémère de toutes les formes de l'ancien moi et de la révélation de la nature divine de l'homme, le chapelet souligne les bénéfices et l'importance de la concentration sur ce chakra et de sa contemplation, le livre montre la valeur de la mémoire. Le mental de Hakini est réputé pur. Elle est célébrée en buvant le nectar divin, *amrita*, jaillissant du Soma chakra.

Le Soma chakra

Le chakra du troisième œil, comme le chakra du cœur, est connecté à un chakra plus petit, le Soma chakra, dont le nom signifie « nectar ». Situé juste au-dessus d'Ajna, il est représenté par un lotus à douze pétales. Au centre de ce chakra se trouve un croissant de lune argenté, réputé être la source du nectar descendant sans interruption vers le chakra racine. Certaines pratiques yogiques sont censées permettre au yogi de faire remonter ce courant pour acquérir l'immortalité.

Les déités du Soma chakra sont Shiva en tant que Kameshvara – la plus belle des formes mâles – et Kameshvari, la plus belle de toutes les déités. Kameshvara est assis d'habitude dans la posture du lotus, enserrant sa bien-aimée Kameshvari. Le premier contact avec Kameshvari prend place au chakra racine, où elle est l'énergie kundalinî assoupie. Lorsqu'elle est éveillée, elle se précipite à travers Sushumna, activant tous les chakras qu'elle rencontre pendant son voyage, pour s'unir avec son seigneur Kameshvara (Shiva) au Soma chakra.

C'est ainsi que le tantra yoga décrit la transmutation de l'énergie (semence) mâle au Soma chakra, où elle induit un état de conscience élargie. Traditionnellement, le célibat des leaders religieux visait à transmuer leurs énergies sexuelles au Soma chakra et à atteindre ainsi à l'éveil.

Le Soma chakra renferme le triangle A-ka-tha, formé de trois *nadis*, supposé contenir les énergies combinées de la divinité : Brahmâ le créateur, Vishnu le conservateur et Shiva le destructeur.

Stimuler Ajna

Ce chakra se rapporte au cerveau, aux yeux, aux oreilles, au nez, au système nerveux et à l'hypophyse. Effectuez les exercices suivants pour vous familiariser avec ce chakra et ses énergies.

énergie équilibrée

Quand ce chakra est équilibré et fonctionne à son potentiel plénier, on se détache des possessions matérielles, on n'a plus peur de la mort, on n'est plus préoccupé par la célébrité, la fortune ou les biens terrestres. Le pouvoir psychique latent est activé pour offrir les dons de télépathie, de clairaudience et de clairvoyance, ainsi que l'accès aux vies antérieures.

énergie surabondante

En cas d'énergie surabondante (chakra qui tourne top vite), on devient fier, scrupuleusement dogmatique, manipulateur et égocentrique.

énergie insuffisante

Une énergie insuffisante (chakra qui tourne trop lentement) rend la personne hypersensible aux sentiments d'autrui et incapable de distinguer le moi du moi supérieur, en plus de la faire manquer d'assurance.

troubles physiques

Le mauvais fonctionnement de ce chakra suscite maux de tête, troubles oculaires et sinusaux, catarrhe, rhume des foins, insomnie, migraine et déséquilibres hormonaux.

CI-CONTRE. Le chakra du troisième œil est situé entre les sourcils, au centre du front.

activer ajna sur le corps

Asseyez-vous, détendez votre corps et apaisez votre mental. Soyez conscient de votre chakra du troisième œil. Sur chaque inspiration, imaginez-le se dilater jusqu'à devenir assez grand pour que vous puissiez vous asseoir en son centre et plonger dans la lumière indigo foncé rayonnant du saphir qui s'y trouve. Laissez sa couleur douce, veloutée, vous envelopper de quiétude.

En contemplant le saphir, vous remarquez que certaines de ses parties sont plus brillantes que d'autres. En regardant de plus près, vous constatez que des particules de poussière maculant sa surface. Sortez un mouchoir blanc de votre poche et nettoyez-le. L'éclat du cristal est maintenant si intense que son contour s'y confond. Assis dans cette lumière indigo, écoutez les sons sacrés émis par l'Ajna chakra et percevez leur effet sur le chakra et sur votre corps.

Placez votre médius droit sur le chakra du troisième œil et faites-le tourner doucement sur ce point dans le sens des aiguilles d'une montre. Imaginez que vous purifiez le chakra pour qu'il rayonne comme un cristal parfait. Quand vous avez fini, allongez-vous et détendez-vous.

Activer Ajna sur les mains et les pieds

Pour cet exercice, vous avez besoin de deux bandes étroites de tissu fin de coton, de couleur bleue. Trouvez le point du chakra sur la main ou sur le pied et appuyez dessus, de 10 à 15 secondes, avec le pouce. Sans relâcher, faites tourner le pouce dans le sens des aiguilles d'une montre.

Attachez une bande de tissu autour du pouce ou de l'orteil, sans serrer, couvrant le point du chakra. Répétez cette séquence avec l'autre main ou pied. Le tissu bleu agit comme un filtre pour la lumière bleue. À la fin du traitement, il peut être laissé 10 minutes sur les orteils ou les pouces.

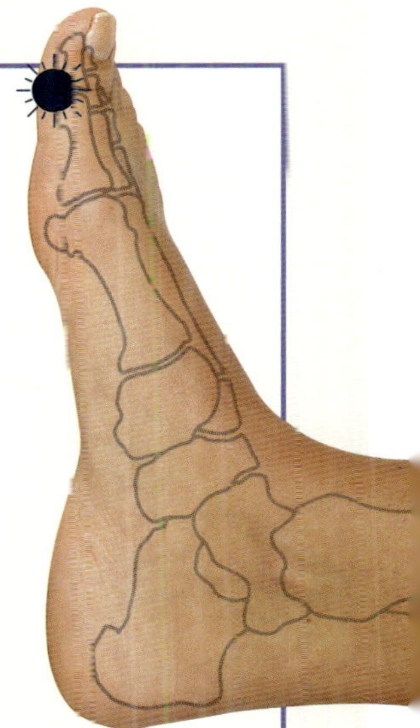

Ajna est situé à la jointure de la première et de la seconde phalange du gros orteil, au niveau du point réflexe spinal des pieds.

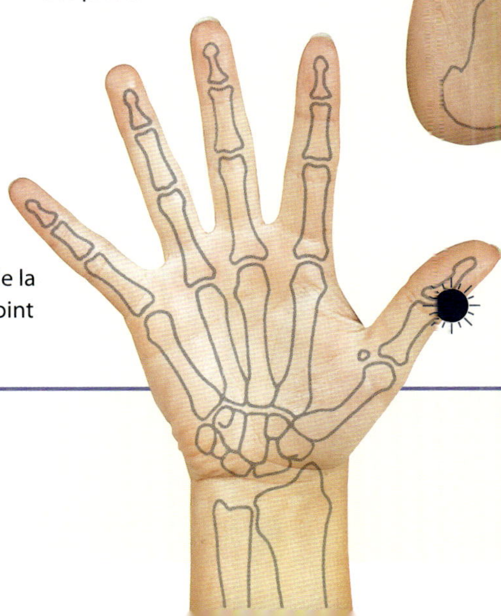

Ajna est situé à la jointure de la première et de la seconde phalange du pouce, au niveau du point réflexe spinal des mains.

Couleur et visualisation

L'indigo, la couleur associée au Ajna, est la couleur de la voûte céleste au crépuscule d'une journée claire, sans nuages. C'est un bleu plus foncé que le bleu ciel du jour, qui remplit presque entièrement le ciel à ce moment entre le jour et la nuit qu'on nomme « heure bleue », où tous les oiseaux se mettent à chanter et qui est la meilleure pour sentir les parfums des fleurs.

Avant l'invention des teintures synthétiques, l'indigo était extrait des feuilles de l'indigotier. Les habits des ouvriers et des paysans étaient souvent en cette couleur peu salissante.

L'indigo a le pouvoir de nous envelopper d'une mer de silence et de tranquillité, de créer l'espace nécessaire à l'examen de nos erreurs. Cette couleur évoque le dévouement profond, la dignité et l'amour inconditionnel, ainsi que la vision extraordinaire et de la capacité d'entendre la voix de sa propre intuition.

Située vers la fin du spectre, cette couleur est à la fois rafraîchissante et astringente. Analgésique puissant, l'indigo soulage la fatigue et la tension musculaires, et est par ailleurs réputé contribuer à la purification du sang et des courants psychiques de l'aura. L'indigo atténue l'insomnie et arrête rapidement l'épistaxis (saignement du nez).

À GAUCHE. L'indigo, la couleur associée au chakra du troisième œil, est une couleur fraîche et paisible. Visualiser cette couleur développe la conscience de soi et le savoir intérieur. Ci-dessus, l'indigotier.

Visualisation avec l'indigo

Les derniers rayons du soleil ont disparu au-delà de l'horizon, laissant le monde s'envelopper du manteau indigo de la nuit. Les oiseaux se sont posés dans les arbres ; tête sous l'aile, ils rêvent de ce que la journée leur a apporté. Les animaux de compagnie se roulent en boule dans leur corbeille ou dans leur niche, tandis que les animaux de ferme s'endorment dans leurs box. Les créatures nocturnes, comme les hiboux, sont les seules âmes sur le qui-vive, chassant leur nourriture et se dégourdissant.

Les fleurs ont clos leurs pétales, gardant le souvenir de la chaleur du soleil. Comme les pétales des fleurs, le manteau indigo de la nuit vous enveloppe de son énergie paisible et sereine. Dans ce silence, réfléchissez à votre vie, à ses victoires, à ses défaites, à ses chagrins, à ses joies. Tirez les leçons de vos expériences de vie et soyez reconnaissant. Écartez tout ce qui n'est plus pertinent et qui ne fait donc plus partie de celui que vous êtes.

Réfléchissez à votre chakra du troisième œil et à son symbolisme. Choisissez parmi ses enseignements les concepts qui trouvent écho en vous et laissez le reste pour le moment où vous serez prêt à explorer davantage. Lorsqu'on plante des graines dans un jardin, elles germeront à leur propre rythme. Le moment venu, on doit soigner le jeune plant pour qu'il grandisse et devienne robuste. L'homme est pareil à un jardin. Des graines de sagesse sont plantées dans son mental fertile, qui germeront quand il sera prêt à comprendre leur sagesse. Lorsque cela arrive, il devra assimiler le nouveau savoir et travailler avec lui, de sorte à consolider sa compréhension de la vie et de lui-même.

Toujours enveloppé du manteau indigo de paix et de protection, redevenez conscient de votre corps. Si vous travaillez avec cette visualisation avant de vous mettre au lit, laissez ce manteau indigo vous offrir un sommeil profond et reposant. Ainsi, à votre éveil, votre corps et votre mental seront chargés en énergie, prêts à une nouvelle journée.

Si vous travaillez avec cette visualisation le jour, imaginez ce manteau indigo éliminer toute tension de votre corps et tout stress de votre mental, puis générer un sentiment global de bien-être, qui vous rendra calme et serein pour le reste de la journée.

asanas stimulantes

Les postures yoga présentées ci-après travaillent surtout avec Ajna. Nataraja Asana et Garudasana sont des postures d'équilibre qu'il vaut mieux aborder par étapes. En pratiquant Nataraja Asana, concentrez-vous sur le mouvement de la jambe avant de vous préoccuper de la position du bras, ce qui favorisera le sens de l'équilibre. Lors du Garudasana, commencez par pratiquer séparément les mouvements du bras et de la jambe avant de passer à la posture complète. Pour garder plus facilement votre équilibre, fixez du regard un point imaginaire du mur.

Vos fesses doivent toucher le sol lors de la pratique du Ardha Matsyendrasana. Il est plus facile de faire pivoter le torse si une fesse monte, mais cette position est incorrecte et doit être évitée.

Une fois que vous avez pris la posture, respirez normalement. Visualisez un rayon de lumière indigo entrer par le sommet de votre tête et descendre au chakra du troisième œil. Lorsque vous utilisez cette visualisation, essayez de maintenir la posture aussi longtemps que possible.

ardha matsyendrasana *torsion spinale*

AVERTISSEMENT. Ne forcez pas les muscles et les ligaments des cuisses et des genoux pour toucher le sol. Ne pratiquez pas cette posture en cas de problèmes du bas du dos.

1 Asseyez-vous sur le sol, jambes tendues.

2 Fléchissez son genou pour passer la jambe droite par-dessus la gauche, pied sur le sol au niveau du genou gauche.

3 Fléchissez le genou gauche pour porter le talon gauche vers la fesse droite.

4 Faites pivoter le torse vers la droite, en plaçant le bras droit derrière votre dos ou sur le sol, à environ 8 cm derrière vous.

5 Faites passer le bras gauche par-dessus la jambe droite et saisissez de la main gauche le pied ou la cheville droite. Dans cette position, le genou droit est aussi près que possible de l'aisselle gauche.

6 En maintenant les fesses sur le sol, expirez et faites pivoter le torse aussi loin vers la droite que vous le pouvez sans effort. Regardez par-dessus votre épaule droite.

7 Inspirez, revenez à la position de départ et répétez sur l'autre côté.

Bénéfices. Cette posture soulage le lumbago et la myodynie (douleur musculaire), bénéficie aux nerfs spinaux, atténue les affections digestives, tonifie les reins, les glandes surrénales et le pancréas.

Bénéfices. Cette posture travaille avec le système nerveux, favorise l'équilibre, la concentration mentale et la souplesse des jambes.

nataraja asana *posture préparatoire*

1 Prenez la posture debout (voir page 15), pieds légèrement écartés, orteils alignés.

2 Portez votre poids sur la jambe gauche, puis tendez lentement la jambe droite en arrière et saisissez sa cheville.

3 Levez le bras gauche, pouce et index joints.

4 Fixez du regard ce bras tendu vers le haut et concentrez-vous sur le chakra du troisième œil.

5 Maintenez tant que c'est confortable, puis revenez à la posture debout et répétez sur l'autre côté.

garudasana *l'aigle*

1 À partir de la posture debout, levez la jambe droite et passez-la autour de la gauche légèrement fléchie, jusqu'à ce que la cuisse et le pied droit se posent sur le mollet gauche.

2 Croisez les bras en faisant passer le bras droit autour du gauche, jusqu'à ce que vous arriviez à joindre les paumes.

3 Quand vous êtes prêt, revenez à la posture debout et répétez sur l'autre côté.

Bénéfices. Cette posture fortifie les muscles, tonifie le système nerveux et assouplit les articulations des jambes. Allège la sciatique et le rhumatisme des bras et des jambes, développe le sens de l'équilibre.

Respiration et son

Le swara yoga, science ancienne des rythmes du corps pranique, montre comment contrôler le mouvement du *prana* en manipulant le souffle. *Swara* signifie « le son du souffle », *yoga* signifie « union ». Le swara yoga permet d'atteindre l'état d'union avec le moi grâce à la respiration, milieu de la force de vie cosmique. On ne doit pas confondre swara yoga et pranayama, qui implique un aspect différent de la respiration. Bien que les deux utilisent le *prana*, le swara yoga est une science plus riche et plus précise, qui met l'accent sur l'analyse de la respiration et la signification des divers rythmes praniques ; le pranayama concerne des techniques de redirection, de stockage et de contrôle du *prana*.

Selon la tradition tantrique, Shiva a expliqué en premier lieu *swara* à sa disciple Pârvatî, dialogue consigné dans le *Shiva Swarodaya*. Dans l'introduction de ce texte, Shiva adjure Pârvatî de s'assurer que cette science reste sacrée, afin d'être la forme la plus élevée de savoir.

Prana et *swara*

Ce livre ne peut servir que de brève introduction à cette science, d'habitude enseignée par un expert. Pour l'utiliser correctement, on doit comprendre les nombreux aspects du swara yoga, dont le mouvement du *prana* dans le corps et sa relation avec le mental. Le *prana* se manifeste sous d'innombrables formes et affecte les systèmes corporels de bien des façons. Il faut aussi se familiariser avec les nombreuses techniques de contrôle du *swara*, de sorte que la narine gauche soit dominante pour le mouvement du *prana* à certains moments du jour et que la narine droite le soit durant la nuit, créant ainsi le type d'énergie requis pour un sommeil reposant. Le swara yoga enseigne aussi quelle narine a besoin d'être activée en prévision d'une foule d'activités et de fonctions corporelles.

Si vous prenez le temps d'observer votre respiration et la manière dont l'air entre et sort de vos narines, vous vous rendrez compte que la plupart du temps la respiration passe par une seule narine, pas par les deux simultanément. Si on se concentre sur sa respiration, on constate qu'en règle générale une narine reste ouverte durant un certain laps de temps, et qu'on respire uniquement par ce côté-là. Après une heure environ, cette narine se ferme et l'autre s'ouvre. Ce rythme est censé gouverner tous les processus psychologiques et physiologiques du corps. Toute irrégularité de cette séquence temporelle signale qu'une partie du corps ne fonctionne pas bien.

Les trois *swaras*

Le swara yoga parle de trois *swaras* : un qui circule à travers la narine gauche pour se relier au mental (*chitta*), un deuxième qui circule à travers la narine droite et contrôle les actions physiques (*prana*) et un troisième, qui circule à travers les deux narines et travaille avec l'esprit (*atma*). Ces trois *swaras* nous influencent en stimulant les différents centres énergétiques et aspects du système nerveux. Trois courants différents d'énergie sont générés dans les narines : Ida, Pingala et Sushumna (voir page 10). Quand la narine gauche est ouverte, vous vous connectez à Ida – l'énergie mentale est prédominante, l'énergie physique, faible. Quand la narine droite est ouverte, vous travaillez avec Pingala : l'énergie physique devient forte, l'énergie mentale, faible. Quand les narines s'ouvrent ensemble, Sushumna est stimulé et l'énergie spirituelle prend le dessus.

Le but de chaque système yogique et tantrique est de canaliser la puissante force spirituelle de kundalinî à travers Sushumna. Quand les deux narines sont actives, Sushumna est ouvert : les modèles énergétiques mentaux et physiques deviennent égaux et rythmiques, les pensées s'apaisent et le mental se calme. Pour le yogi, c'est le type le plus pertinent de *swara*, car il aide la méditation. Le but est donc de développer ce *swara* en réduisant l'utilisation de la respiration en alternance.

Ajna a une très grande importance pour le swara yoga, car à partir de lui l'intuition est transmise aux centres mentaux inférieurs. C'est aussi le chakra où s'achèvent Ida et Pingala, qui se joignent là au Sushumna. Par conséquent, on considère que la dualité humaine finit là.

Tout cela suggère que la respiration est plus qu'une simple action physique. Pour l'aspirant spirituel, la respiration est le véhicule permettant d'atteindre le but ultime, l'éveil. La respiration normale est une fonction mécanique effectuée par le corps physique ; au swara yoga, la respiration est un processus susceptible d'être manipulé et contrôlé pour optimiser la santé corporelle et atteindre le but ultime, *samadhi*, la conscience divine.

La pratique de la technique respiratoire Nadi Sodhana, « respiration en alternance par les narines », est essentielle pour le swara yoga et pour l'activation de l'Ajna chakra, car elle uniformise la respiration et active les *nadis* Ida, Pingala et Sushumna qui finissent là. Lors de tous les exercices respiratoires, le souffle doit devenir subtil, l'inspiration et l'expiration lentes et régulières.

Le son de la respiration

Le son que discerne l'oreille correspond à un seul niveau de perception. Bien d'autres animaux perçoivent des fréquences inaudibles pour l'homme. Pareillement, la respiration génère des ondes sonores subtiles au tréfonds de la conscience, insaisissables pour l'oreille. À mesure que le souffle devient plus pur, les fréquences du son deviennent plus intenses et subtiles et sont perçues intérieurement depuis le subconscient, puis depuis l'inconscient et finalement depuis la supraconscience, où le son devient transcendantal.

Nadi sodhana pranayama

Cet exercice travaille avec les trois *swaras*. Il purifie et génère le *prana* à travers Ida et Pingala en préparation à l'ouverture de Sushumna.

Asseyez-vous confortablement, dos droit, et commencez cet exercice en expirant à fond pour débarrasser les poumons de tout air usé.

En utilisant la main droite, placez le pouce contre la narine droite, l'index et le médius sur le chakra du troisième œil, l'annulaire et l'auriculaire contre la narine gauche.

En fermant la narine gauche avec l'annulaire et l'auriculaire, inspirez profondément et lentement par la narine droite.

Fermez la narine droite avec le pouce, ouvrez la narine gauche en écartant l'annulaire et l'auriculaire et expirez lentement et régulièrement.

En maintenant fermée la narine droite, inspirez lentement et profondément par la narine gauche.

Fermez la narine gauche avec l'annulaire et l'auriculaire, relâchez la pression exercée sur la narine droite et expirez lentement et profondément par celle-ci.

Cela constitue une série. La seconde série débute en inspirant de nouveau par la narine droite.

Commencez par 8 ou 10 séries, puis, avec de la pratique, augmentez ce nombre.

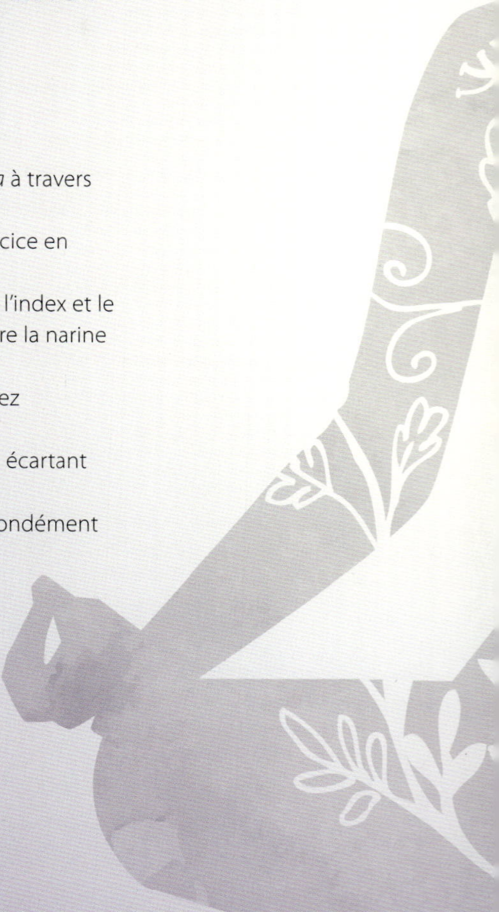

Exercice mantra

« Om » est le principal mantra de l'hindouisme. Il est composé de trois sons produits par les lettres « Aum » : « a » représente la création, « u », la conservation, « m », la dissolution.

Comparé à une flamme rayonnante pure, « Om » est un son susceptible d'être entendu dans le silence le plus profond. Pratiqué régulièrement, ce mantra devient la lumière blanche de la conscience.

Confortablement assis, inspirez en comptant jusqu'à 7. D'une voix ferme, contrôlée, commencez à psalmodier le son « a » depuis l'arrière de la bouche, en comptant jusqu'à 4, puis continuez par le son « u », en comptant de nouveau jusqu'à 4 et en faisant passer le son vers l'avant de la bouche afin de lui conférer une légère intonation nasale.

Serrez ensuite les lèvres pour produire en comptant jusqu'à 8 le son bourdonnant « Mmm », qui doit résonner fortement dans votre tête et dans votre poitrine. En gardant les lèvres serrées, inspirez profondément et répétez le mantra.

Travailler avec le yantra

Le yantra pour Ajna, le siège du savoir spirituel, est le cercle renfermant le mantra « Om ».

Jusqu'ici, votre voyage vous a fait connaître les quatre chakras inférieurs et vous a fait traverser Vishuddha, le pont vers Ajna, le point où vous faites fusionner votre moi illusoire avec l'océan du mental universel pour découvrir qui vous êtes vraiment et pour éprouver la paix et la joie profondes que ce savoir apporte. La méditation vous a offert quelques aperçus fugitifs de cet état ultime, qui vous inciteront peut-être à poursuivre votre voyage d'exploration personnelle.

Au cours de ce voyage, vous serez confronté à de nombreux défis et changements, parfois douloureux et susceptibles de générer un sentiment d'insécurité. En traversant cette période difficile, demandez-vous qui est blessé et qui ne se sent pas en sécurité. Votre véritable moi spirituel n'est jamais blessé, ne se sent jamais isolé ou menacé, et pousse votre moi à avancer à tout prix, afin d'achever la tâche pour laquelle il s'est incarné. Le but de votre incarnation humaine est de permettre à l'âme de faire l'expérience de sa suprématie, de son pouvoir et de son omniscience. Les défis que vous affrontez aident votre âme à se rapprocher de sa fusion avec sa vraie source.

Exercice. Tout un chacun possède des forces mentales et physiques latentes, que le travail avec le yoga et les chakras active, en plus d'élargir la conscience. Cet élargissement conduit à une perception et à une prise de conscience accrues de la véritable nature de l'univers, qui fait comprendre que l'homme est un être spirituel, élément du mental universel. L'ayant compris, il peut fusionner avec l'océan de la conscience universelle et se libérer du monde du mental ordinaire et de l'ego. La réincarnation dans un corps humain devient inutile, sauf si on fait ce choix pour aider d'autres âmes en quête.

Assis confortablement en silence, contemplez ce yantra et le symbole du mantra « Om ». Pensez à l'incarnation de la triade qui englobe le créateur, le conservateur et le destructeur dans ce son. Si vous êtes chrétien, contemplez grâce à lui la Trinité du père, du fils et du Saint-Esprit. Votre corps physique, créé par vos parents, est préservé durant la vie et détruit à la mort. Êtes-vous juste ce corps physique ou est-il le véhicule de quelque chose de plus important ? Si vous n'êtes pas le corps physique mais son locataire, qui êtes-vous alors ? La première question que doivent se poser les personnes s'intéressant au yoga est : « Qui suis-je ? »

En considérant cette question, réfléchissez à l'idée de Dieu à l'aube des temps, qui devait tester sa suprématie. Pour ce faire, Dieu – l'Intelligence suprême – a lancé une vibration afin de manifester ses divers aspects à travers les innombrables formes de la création. L'une de ces formes était la forme humaine qui, une fois incarnée, a oublié qui elle était vraiment. Cela a accordé par ailleurs à l'homme la liberté de choisir de se souvenir de sa divinité grâce à l'étude et à l'expérience.

Le libre arbitre permet d'apprécier le bien en faisant également l'expérience du mal, de comprendre la joie en rencontrant le chagrin et de voir la lumière en connaissant l'obscurité. Accepter et comprendre le but sous-tendant la dualité humaine révèle le secret qui conduit l'homme à s'identifier en dernière analyse comme un élément de cet Être suprême – Dieu. D'où la réponse à la question « Qui suis-je ? » : « Je suis qui je suis ».

Dans la paix que vous avez créée autour de vous et dans l'espace où vous travaillez, le moment est venu de vous poser la question « Qui suis-je ? » C'est une question profonde, dont la réponse émergera d'une prise de conscience primordiale. Il se peut même que vous ne trouviez pas les mots pour la formuler. En prenant quelques instants pour contempler cette question, terminez cet exercice en répétant mentalement en silence le mantra « Om ».

Le chakra couronne

Sahasrara

Sahasrara, « mille pétales », est différent des autres chakras par sa structure et son effet. Lorsque kundalinî atteint ce niveau, elle n'appartient plus au domaine de la conscience animale ou humaine, elle devient purement divine. C'est le lotus à mille pétales, qui conduit dans l'existence éternelle, infinie, suprême. C'est le siège de la conscience pure. Quand kundalinî monte du chakra racine à Sahasrara, l'énergie et la conscience fusionnent et l'éveil point. Sous l'influence de Ajna, la force générée par leur union est alors renvoyée à son point de départ à travers Sushumna, afin de rendre capable de connaître le paradis sur terre. Ainsi, la quête du yogi aboutit et le but du yoga est atteint.

Sahasrara

सहस्रार चक्र

Signification
Mille pétales

Déités associées
Paramashiva

Couleur
Violet

Le septième chakra se trouve à l'extrémité du *nadi* Sushumna. Il est représenté par un lotus blanc ou violet clair à mille pétales, à l'envers. Ses pétales sont disposés sur vingt rangées de cinquante pétales. Sur les cinquante pétales de chaque rangée sont inscrites en blanc les cinquante lettres de l'alphabet sanscrit. Les pétales ceignent le cercle, le mandala de la pleine lune et le mandala du soleil. La combinaison de ces deux mandalas symbolise l'union des *nadis* Pingala (soleil, chaleur et énergie masculine) et Ida (lune, froid et énergie féminine) avec Sushumna, représentant la complétude de la nature humaine duelle.

Dans le mandala de la lune, on trouve le triangle pareil à un éclair renfermant le *bindu* subtil, le vide, de la taille d'un dix millionième de l'extrémité d'un cheveu. On peut l'atteindre seulement après des années consacrées à la voie spirituelle. Ce chakra renferme Parama-shiva, symbole de l'union de Shakti et de Shiva.

Montée de kundalinî

Le symbolisme de ce chakra est complexe et a suscité beaucoup d'interprétations, toutes mettant l'accent sur l'épanouissement personnel par la consécration au travail et à l'étude. Ce symbolisme mêle l'état intégré de la nature humaine duelle et l'état modifié de conscience induit par la montée du pouvoir latent présent au chakra racine. Il est important de faire preuve d'une grande prudence lorsqu'on travaille avec cette énergie. Si kundalinî monte prématurément, avant qu'on soit prêt, on risque des dommages physiques et psychologiques.

Gopi Krishna, auteur de nombreux livres sur le yoga, autorité en matière de kundalinî yoga, a souffert d'intenses douleurs pendant des années après avoir fait monter par inadvertance sa kundalinî. Il est donc conseillé de suivre les indications d'un maître qui saura comment travailler avec ce pouvoir latent et comprendra quand une personne est prête à le faire. Dans son *Autobiographie d'un yogi*, Yogananda mentionne que son maître avait refusé de le laisser faire monter sa kundalinî. Des années plus tard, quand cette énergie latente avait été libérée, Yogananda dit qu'il n'aurait pas su gérer les changements spectaculaires de sa vie si cet événement était survenu lorsqu'il l'avait demandé la première fois. Selon moi, si on travaille avec l'intention juste, la personne qui convient arrivera comme guide lors de cette dernière partie du voyage.

L'expérience du vide présentée ici est nécessaire pour comprendre pleinement le symbolisme complexe de Sahasrara. Les mystiques et les voyants de toutes les obédiences ont eu beaucoup de mal à décrire clairement leur expérience des états transcendantaux de conscience. Pour expliquer l'inexplicable, ils ont souvent fait appel à des paraboles et à l'imagination – pensez à la difficulté d'expliquer le goût d'une orange à quelqu'un qui n'en a jamais mangé.

Atteindre l'éveil

Lorsqu'on arrive à ouvrir ce chakra et à atteindre l'éveil, on est libéré du cycle de l'existence – le cycle de la renaissance – car, une fois son moi divin identifié, la réincarnation n'a plus de raison d'être. Le désir insatiable d'accéder aux plans supérieurs de conscience ne peut être assouvi que par une méditation intense et par une grande austérité. L'effet extatique de la méditation sur des objets divins, des cristaux, des couleurs, des prières et des paroles sagaces des sages et des voyants est dû à son appel à l'instinct évolutionniste qui pousse les êtres humains vers une dimension supérieure de conscience, où l'ensemble des aspirations et des idéaux sera exaucé.

L'intellect a du mal à comprendre cet état de conscience. C'est l'extase de la méditation qui se rapproche le plus de cette compréhension. Cependant, on doit la laisser aussi aller, car tenter de recapturer cette expérience entrave l'immersion plus profonde dans cet état extatique.

Le moment idéal pour la méditation précède de justesse l'aube. C'est là qu'on respire à travers les deux narines (d'habitude, une seule est dominante, le passage de l'une à l'autre se faisant

à peu près toutes les deux à quatre heures). Lorsque les narines sont ouvertes, les *nadis* Ida et Pingala sont ouverts, ce qui purifie Sushumna, permettant à l'énergie du chakra racine d'accéder au chakra couronne. Dans l'idéal, on doit méditer une heure. Dans l'un de ses livres, Yogananda dit qu'il y a 24 heures dans une journée, donc il ne doit pas être si difficile d'en consacrer une à Dieu. La méditation enseigne à entrer en contact avec l'Extase divine grâce au respect fidèle de la loi spirituelle.

Dhammapada (recueil de 423 aphorismes) dit :

« Pour celui qui a fait son chemin, qui est libre de tout chagrin, qui est libéré à tous égards, qui a rejeté tous les liens, il n'est plus de tournant… Semblable à la terre il n'est pas obstrué, comparable au pilier d'Inda, il est fidèle à ses vœux, tel un lac dont la boue a été ôtée, les transmigrations n'existent plus pour un tel homme. Calme est l'esprit, calmes les paroles et les actes de celui qui, délivré par la connaissance correcte, est apaisé » (chapitre « Les Arahant », trad. André Bareau, 1963).

Stimuler Sahasrara

Ce chakra gouverne le système nerveux et le cerveau et est lié à l'épiphyse, qui règle l'horloge interne du corps. Pour Descartes, cette glande était le lien entre le corps et l'âme.

Quand le chakra couronne commence à s'ouvrir, on est attiré par les enseignements mystiques ou occultes. La spiritualité est définie à travers l'expérience individuelle, le savoir intérieur, qui est le contraire du dogme extérieur ou de la religion conventionnelle. À cette étape de son développement, on commence parfois à apercevoir les auras, à éprouver un sentiment de révérence et d'émerveillement face à la beauté et à l'immensité de la création. On acquiert aussi une compréhension intérieure des vérités

Énergie équilibrée

Lorsque l'énergie de ce chakra est équilibrée, on s'ouvre à l'énergie divine et on accède totalement à l'inconscient et au subconscient.

Énergie surabondante

L'énergie surabondante (chakra qui tourne trop vite) cause de la frustration et des migraines fréquentes.

Énergie insuffisante

L'énergie insuffisante (chakra qui tourne trop lentement) cause de l'indécision. L'étincelle physique de joie disparaît.

Troubles physiques

Parmi les problèmes suscités par le déséquilibre de ce chakra, on trouve : affections cérébrales, migraines, troubles du système endocrinien et problèmes psychologiques.

CI-CONTRE. Sahasrara se trouve juste au-dessus du sommet de la tête.

universelles. Lorsqu'il est complètement ouvert, ce chakra s'unit au chakra du troisième œil et forme le halo que l'art religieux fait figurer souvent autour de la tête des saints et des êtres éclairés.

Quand ce chakra est bloqué, la créativité sera bloquée et sa propre spiritualité ne sera pas manifeste, ce qui risque de rendre très matérialiste et d'éloigner de tout intérêt pour autre chose que l'ordinaire.

Activer Sahasrara sur le corps

Une façon simple de travailler avec ce chakra est de visualiser un rayon de lumière blanche y pénétrer, puis couler comme une lumière liquide dans chaque cellule de votre corps.

Activer Sahasrara sur les mains et les pieds

Appuyez d'un doigt pendant quelques secondes ce point de votre main ou de votre pied. Si c'est douloureux, essayez de maintenir la pression, mais n'insistez pas si la gêne est trop forte. Faites tourner le doigt sur ce point 15 autres secondes, dans le sens des aiguilles d'une montre.

Visualisez un rayon de lumière violette entrer par le sommet de votre tête, descendre sur votre épaule droite, puis par le bras droit jusque dans le doigt avec lequel vous travaillez. De là, imaginez la lumière violette pénétrer dans le point du chakra. Répétez avec l'autre pouce ou le gros orteil.

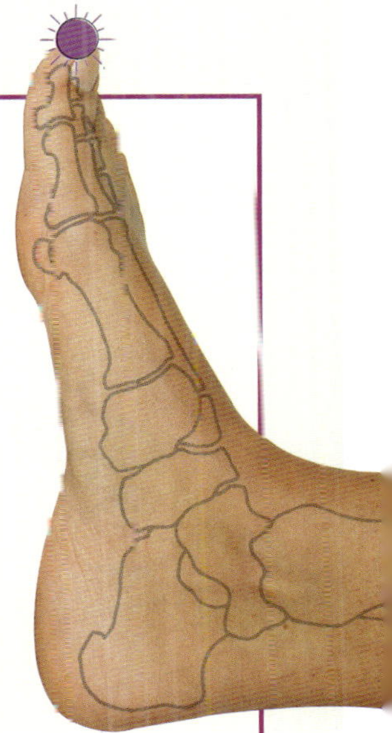

Sur le pied, Sahasrara se trouve à l'extrémité du gros orteil, sur son sommet.

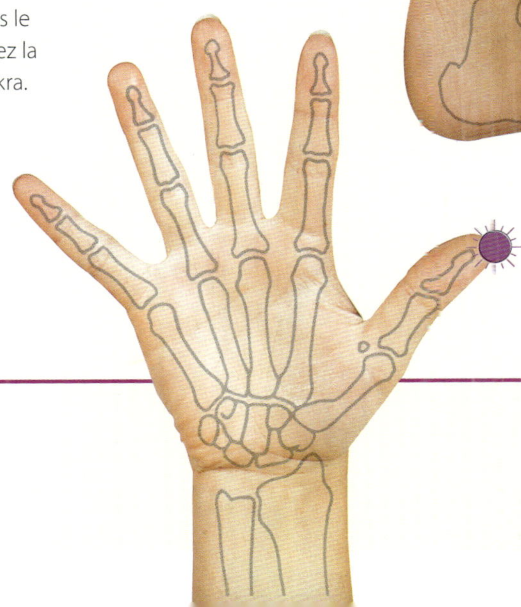

Sur la main, Sahasrara est positionné à l'extrémité du pouce, sur son sommet.

Couleur et visualisation

La couleur violet est associée au chakra couronne. On confond souvent le violet et le pourpre, car les deux sont un mélange de rouge et de bleu – le violet contient en règle générale une plus grande proportion de bleu que de rouge.

Le violet a la longueur d'onde la plus courte et l'énergie la plus élevée de toutes les couleurs, et occupe une bande étroite du spectre, très proche de l'ultraviolet invisible pour l'œil humain. Cette couleur est celle de la violette, dont l'huile est encore utilisée pour aromatiser des boissons et des sucreries et en tant que parfum. Au Moyen Âge, cette huile servait de soporifique. Les vitraux violets étaient fabriqués en se servant d'oxyde de manganèse. La teinture violette, très chère, était généralement réservée à la royauté et aux échelons les plus élevés de la hiérarchie ecclésiastiques.

Cette couleur est liée à la divinité, à l'humilité et à la piété. Elle est aussi associée à la modestie, à la vertu cachée et à la beauté. Au chakra couronne, le violet éclatant permettra à l'être humain d'accéder à la conscience spirituelle. Il deviendra le dernier portail à traverser pour s'unir à son être divin intérieur.

À GAUCHE. Le violet, couleur associée au chakra couronne, fortifie la spiritualité. Visualiser cette couleur comme une améthyste aide à s'aimer et à se respecter soi-même, en plus d'offrir l'inspiration nécessaire pour continuer la voie spirituelle.

Visualisation avec le violet

Pour cette visualisation, utilisez une petite améthyste ou son image montrée ci-contre, et placez-la à un endroit où vous la verrez sans peine.

Le mot « améthyste » vient du grec *amethustos*, « sobre », car on pensait que cette pierre protégeait de l'ivresse. Cette puissante pierre de guérison présente diverses teintes. Les teintes plus claires servent à des buts mystiques et à l'inspiration spirituelle, les plus foncées travaillent avec la kundalinî comme de puissants transformateurs d'énergie. L'améthyste est une pierre d'inspiration et d'humilité, miroir de l'amour divin.

Assis en silence, regardez une améthyste ou son image. Observez la forme et les motifs bariolés de couleur à l'intérieur du cristal, qui le rendent unique. En contemplant cette pierre, réfléchissez à ses attributs : inspiration, humilité et amour inconditionnel. Quand vous entamez votre voyage spirituel, votre inspiration viendra peut-être d'un ami, d'un livre ou de votre besoin de découverte de soi. Jusque-là, vous avez affronté des défis qui ont développé votre force intérieure, votre confiance en vous et votre capacité à être unique en votre genre. De concert avec ces points forts, vous devez examiner votre humilité, condition préalablement nécessaire à l'amour inconditionnel.

Considérez ces pensées et réfléchissez au point de la voie spirituelle où vous êtes arrivé et à ce que vous devez améliorer pour être libre et complet. Savoir que d'autres ont atteint le but suprême devrait vous donner la force d'avancer avec courage et assiduité.

Portez votre conscience sur le chakra couronne et imaginez-le émettre une lumière violette douce. À mesure que votre concentration s'intensifie, visualisez-vous entouré par une sphère d'amour et de lumière. Laissez se dissoudre doucement toute douleur et tout traumatisme émotionnels de votre vie, les remplaçant par la force vibrante de l'amour spirituel. Chaque fois que vous pratiquez cette visualisation, soyez conscient de tout lien émotionnel qui vous empêche d'avancer, puis confiez-le à la lumière violette pour qu'il soit transformé à un niveau supérieur de compréhension.

asanas stimulantes

Les postures yoga ci-après conviennent très bien au Sahasrara. Le poirier, posture assez avancée, ne doit pas être tenté que lorsque vous vous êtes familiarisé avec les postures plus basiques présentées dans ce livre.

La flexion les jambes écartées profitera aux personnes incapables d'effectuer le poirier. Si votre tête n'arrive pas à toucher le sol, placez une pile de livres ou un bloc de mousse entre vos jambes. Reposez-y la tête, mains sur les jambes. À mesure que les muscles de la face interne des cuisses deviennent plus souples, retirez des livres.

Pour commencer, pratiquez devant un mur, au cas où vous perdriez l'équilibre. Maintenez cette posture tant qu'elle est confortable, vous concentrant sur un rayon de lumière violette pénétrant dans votre chakra couronne. Pour revenir à la position verticale, expirez et, sur l'inspiration suivante, redressez le torse et rapprochez les pieds.

Pour le poirier, pratiquez d'abord avec une chaise (ci-contre) avant de tenter la posture complète. La maîtrise de cette « posture reine » vous apportera calme et équilibre.

Prasarita padottanasana
flexion les jambes écartées

1 Commencez en posture debout (voir page 15).

2 Inspirez, écartez les jambes d'environ 1 mètre, les gardant sur la même ligne.

3 Sur l'expiration suivante, le dos droit, tendez le torse en avant à partir des hanches, et placez les paumes sur le sol, doigts tournés vers l'avant.

4 Faites reculer lentement les mains, jusqu'à ce qu'elles soient alignées avec les pieds. En même temps, penchez le torse jusqu'à ce que le sommet de votre tête repose sur le sol, entre vos mains.

5 Saisissez la cheville gauche de la main gauche, la cheville droite, de la main droite. Quand vous êtes en équilibre et à l'aise dans cette posture, portez les mains derrière votre dos, dans la position de la prière.

Bénéfices. Cette posture agit sur les muscles de la face interne et de la face postérieure des cuisses. Elle atténue la raideur des épaules, ouvre la poitrine, intensifie la circulation du sang dans le cou, la tête et le corps.

SIRASANA *le poirier*

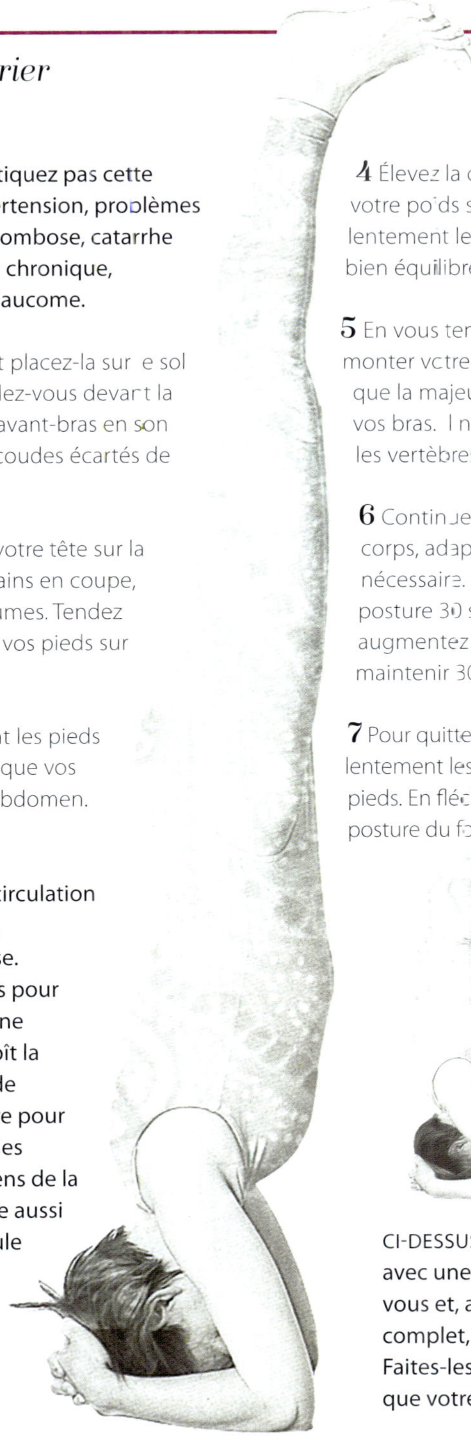

AVERTISSEMENT. Ne pratiquez pas cette posture en cas de : hypertension, problèmes du cou, palpitations, thrombose, catarrhe chronique, constipation chronique, décollement rétinien, glaucome.

1 Pliez une couverture et placez-la sur le sol près d'un mur. Agenouillez-vous devant la couverture et posez les avant-bras en son milieu, mains jointes et coudes écartés de la largeur des épaules.

2 Placez le sommet de votre tête sur la couverture, entre vos mains en coupe, nuque touchant vos paumes. Tendez les jambes en ramenant vos pieds sur le sol.

3 Rapprochez lentement les pieds de votre tête, jusqu'à ce que vos cuisses touchent votre abdomen.

Bénéfices. Intensifie la circulation du sang vers le cerveau, l'hypophyse et l'épiphyse. Renouvelle les neurones pour que le cerveau fonctionne plus efficacement, accroît la vitalité et le sentiment de bien-être. Bonne posture pour les jambes fatiguées et les varices, elle inverse le sens de la circulation du sang. Aide aussi le prolapsus de la vésicule biliaire et de l'utérus, atténue le mal de tête et est bénéfique pour l'asthme et les rhumes.

4 Élevez la colonne vertébrale en reposant votre poids sur les bras et la tête. Éloignez lentement les pieds du sol et, quand vous êtes bien équilibré, tendez les jambes.

5 En vous tenant en équilibre sur la tête, faites monter votre corps depuis les épaules, de sorte que la majeure partie de son poids repose sur vos bras. Il ne doit pas y avoir de pression sur les vertèbres cervicales.

6 Continuez à vous concentrer sur votre corps, adaptant légèrement la posture, si nécessaire. Pour commencer, maintenez la posture 30 secondes. Avec de la pratique, augmentez peu à peu la durée jusqu'à maintenir 30 minutes la posture sans effort.

7 Pour quitter cette posture, fléchissez lentement les genoux et faites descendre vos pieds. En fléchissant les genoux, prenez la posture du fœtus (voir page 15) et relaxez-vous.

CI-DESSUS. On peut pratiquer cette posture avec une chaise. Placez la chaise derrière vous et, au lieu de pratiquer le poirier complet, placez vos pieds sur la chaise. Faites-les avancer sur la chaise jusqu'à ce que votre colonne vertébrale soit droite.

Travailler avec le yantra

Le chakra couronne est symbolisé par un lotus à mille pétales, le nombre de la pleine réalisation, de la manifestation totale et de l'infini. Quand ce chakra est complètement ouvert, on s'ouvre totalement à la lumière de la divinité. L'identité individuelle s'estompe à mesure qu'on fusionne avec cette réalité ultime. À cette étape, le corps émotionnel a été dissous, permettant de voir l'ensemble de la création grâce au regard intérieur. Sur ce plan, la mort n'est plus effrayante, car il n'y a pas de séparation entre le moi et le moi spirituel. Le corps physique est le véhicule dans lequel on vit, et on sait que la mort n'est que son abandon.

L'énergie shakti a été éveillée et est montée à travers Sushumna, ouvrant et faisant se lever vers la lumière du soleil spirituel les pétales tombants du chakra. Shakti et Shiva sont unis au Soma chakra et la dualité humaine a été transformée en complétude.

Un état intensifié de conscience permet de rendre manifestes toutes les formes d'énergie et de travailler avec elles. On dispose des *siddhis*, les pouvoirs du yoga, bien que ceux-ci manquent maintenant d'intérêt, car ils risquent de distraire du parfait état d'être actuel. On est le maître de son moi et on a le pouvoir de transmuer l'énergie en matière et la matière en énergie. On ne fait qu'un avec le divin et on devient co-créateur avec lui.

Exercice. Confortablement assis, placez le yantra là où vous le verrez facilement. Commencez en déplaçant votre regard autour de l'extérieur du cercle, où se trouvent les mille pétales du lotus. Contemplez le sens de l'éternité et son rapport avec votre vie. Interrogez-vous pour découvrir jusqu'où vous êtes allé dans la quête de votre véritable moi. Réfléchissez à la nature éternelle de votre âme et à toute peur à propos de la mort de votre corps physique. Allez encore plus loin et contemplez la mort du moi. C'est difficile, sauf si vous avez fait l'expérience de ce à quoi vous mourez.

Mourir au moi est un état qui exige de se détacher de toutes les possessions matérielles et des liens émotionnels à autrui, si forte que soit la relation avec ces âmes. On ne cesse pas de les aimer, on les aime d'une manière différente. L'un des signes de la croissance spirituelle est l'indépendance par rapport aux choses extérieures. Si on a de véritables dons spirituels, on ne dépend pas des choses matérielles. Le mental ordinaire tend à regarder d'abord les conforts matériels, alors que la priorité du sage est de s'installer dans la spiritualité, sans jamais sacrifier l'esprit à la matière.

En déplaçant votre regard sur le cercle renfermant la pleine lune et le soleil, réfléchissez à la dualité de la nature et à la façon d'intégrer votre propre dualité à l'ensemble. Le plan de conscience atteint par la majorité des gens exige de faire l'expérience de la dualité : connaître l'obscurité pour apprécier la lumière, le mal pour savoir ce qui est bien. La plupart des gens vivent encore dans l'ombre du soleil, mais l'époque actuelle met au défi d'avancer dans la splendeur et la gloire de sa lumière.

Enfin, concentrez-vous sur le point noir au centre du yantra. C'est le néant où tous les éléments des chakras inférieurs ont été affinés jusqu'à un état d'être qu'on peut éprouver seulement quand on est en paix et silencieux. Toute personne sage se rend compte que la partie la plus subtile de sa nature peut être exprimée efficacement uniquement lorsque son corps et son mental sont en paix. C'est pourquoi la personne se retire souvent de la foule et n'est pas pressée d'exprimer ses opinions. Elle réfléchit longuement et agit sans tambour ni trompette, sachant que c'est dans le moment de silence qu'on entend la voix de l'infini.

En faisant passer votre concentration du yantra à votre corps physique, apaisez le mental et détendez votre corps en vous focalisant sur une inspiration et une expiration lentes. Ensuite, écoutez la voix de l'infini en vous.

Ouvrir le chakra couronne grâce à la méditation

La méditation, qui nourrit l'esprit et permet de connaître le monde intérieur, est la meilleure façon d'ouvrir le chakra couronne.

En général, la méditation apaise le mental et aide à éliminer le stress, mais elle est bien davantage. Pour le yoga, la méditation est une technique visant à inciter le mental à se replier sur lui-même pour aboutir à la connaissance du moi supérieur. Les étapes y conduisant sont l'introversion (*pratyahara*), la concentration (*dharana*), la méditation (*dhyana*) et la transcendance (*samadhi*), les quatre dernières des huit étapes du yoga décrites par le sage Patanjali.

Les techniques de méditation sont nombreuses. Essayez autant que possible de découvrir celle qui vous convient le mieux. La méditation sur le souffle est une technique appréciée par beaucoup de maîtres, car la respiration est toujours là. D'autres méthodes utilisent des mantras, des yantras, la visualisation et l'imagination dirigée.

Quand vous avez trouvé la technique qui vous convient, il est essentiel de pratiquer un moment chaque jour pour progresser. Les intuitions notables n'apparaissent pas en une nuit ; parfois, il faut des années de pratique régulière.

Lorsqu'on médite, on doit se détacher de la méditation. L'attachement entraîne une activité mentale – on ne peut donc pas le transcender. Si on attend constamment des résultats, l'attente même empêchera d'y parvenir.

Dans ses *Méditations*, Krishnamurti, le grand sage oriental, explique : « Le mental contemplatif est silencieux. Ce n'est pas le silence que la pensée peut concevoir, ce n'est pas le silence d'un soir calme, c'est le silence où la pensée – avec toutes ses images, mots et perceptions – a totalement cessé. Ce mental contemplatif est le mental religieux – une religion sans rapport avec l'église, le temple ou les hymnes. L'esprit religieux est une explosion d'amour. C'est un amour qui ne connaît pas de séparation. Pour lui, loin est près. Il n'est pas unique ou à répétition, mais plutôt cet état d'amour où cesse toute division. Comme la beauté, on ne peut pas le mesurer en paroles. À partir de ce silence, seul le mental contemplatif agit. »

Une technique de méditation simple mais très efficace utilise une bougie allumée, dont la flamme évoque la lumière intérieure. Asseyez-vous dans un endroit calme, où vous ne serez pas dérangé. Si nécessaire, débranchez le téléphone. Si vous craignez le bruit du téléphone ou de la sonnette de l'entrée, vous serez incapable de méditer.

Asseyez-vous confortablement sur une chaise ou sur le sol. Si votre corps n'est pas à l'aise, le mental sera distrait. Placez une bougie allumée là où vous pouvez la voir facilement. Regardez la flamme jusqu'à ce que vos yeux commencent à se fatiguer. Fermez-les alors et essayez de « voir » la flamme devant vos paupières closes. D'habitude, la flamme bouge et s'estompe sans cesse, mais il faut rester focalisé dessus. Quand cette flamme disparaît pour de bon, ouvrez les yeux et regardez de nouveau la bougie. Répétez pendant 20 minutes.

Rien n'est plus puissant que le travail avec la lumière. Tous les grands maîtres ont enseigné que l'ensemble de la vie est *maya*, illusion. Le seul moyen de franchir ce voile est de découvrir qui on est vraiment, ce qui exige de nombreuses vies de travail ardu et discipliné. Une fois que ce voile a été déchiré, on voit sa propre lumière intérieure et on reconnaît sa propre divinité. C'est seulement alors qu'on peut comprendre la question « Qui suis-je ? » et y répondre : « Je suis qui je suis ».

Puisse la lumière de l'amour inconditionnel briller sur vous et vous remplir de paix et de compréhension.

L'une des formes les plus simples de méditation utilise une
bougie allumée comme point focal pour la concentration.

Lectures conseillées

Avalon, Arthur, *La puissance du serpent*, Paris, Éd. Dervy, 2017

Dale, C., *La Bible de la guérison par les chakras*, Éd. de Médicis, 2016

Horsley, Mary, *Chakras, exercices pratiques*, Éd. Véga, 2007

Johari, Harish, *Chakras, centres d'énergie de transformation*, Éd. de Médicis, 2007

Mercier, Patricia, *La Bible des chakras*, Guy Trédaniel Éditeur, 2009

Saradananda, Swami, *Le guide essentiel des chakras*, Guy Trédaniel Éditeur, 2012

Simpson, Liz, *Les Chakras. Connaissance et harmonisation*, Le Courrier du Livre, 2002

Uhl, Mariane, *L'Énergie des chakras*, Guy Trédaniel Éditeur, 1998

Wauters, Ambika, *Chakras et archétypes*, Guy Trédaniel Éditeur, 2000

Remerciements

Crédits des images
ShutterStockphoto.Inc 22, 23, 38 Spectral-Design ; 24 India Picture ; 28-29, 44-45, 60-61, 76-77, 92-93, 106-107, 108-109 aninata ; 39b r.classen ; 39br MRS.Siwaporn ; 40 Senya et Ksusha ; 54, 55 fluke samed ; 56 Dark Moon Pictures ; 70, 71 Sunny Forest ; 72 photolinc ; 86, 87 Fabio Lamanna ; 88 Denis Rozhnovsky ; 102 hbpictures ; 118 Irina Burakova ; 125 Zimniy.
ThinkstockPhotos 6-7, 20-21, 36-37, 52-53, 68-69, 84-85, 100-101, 116-117 Stockbyte.

Crédits supplémentaires des illustrations
Tsering Dorje ; Anthony Duke ; Harish Johari ; J.B. Khanna et Co.

Illustrations par Harish Johari : *Chakras : centres d'énergie de transformation*
par Harish Johari, Éd. Médicis, Paris, France.

Photographie spéciale : Laura Knox.
Modèle des postures yoga : Susannah Marriott.